子どもの深層

ユング心理学からみた

子どもの深層

秋山さと子

海鳴社

はじめに

　これまでに書かれた多くの育児の本は、生理学的なものは別にすると、ほとんどが社会的な規準にそったものでした。どうしたら子どもは社会により良く適応できるようになるだろうか。子どもは何歳ぐらいまでにはどのくらいのことを知っているべきだろうか。子どもが社会人として一人前になるには、何を教え、どこに注意したらよいだろうか。

　こうしたことを考えるのもひじょうに大事なことだと思います。しかしまず、最初に人間があって、その人間が社会を構成する性質を持っているから社会があるのです。だからもう少し、人間を中心として考えられた育児の本があってもいいのではないでしょうか。たとえば、子どもは何を考えているのか、どう感じているのか。何をよりどころにし、どうしたいと思っているのか。そして社会は子どもに対してどうあるべきなのか。

　そこでこの本は、子どもの心を中心にして書いてみました。しかし、私たちおとなは残念なことに、子どもだったころのことをすっかり忘れています。子どもは毎日をほとんど無意識のうちに暮しているのです。そして、その無意識の大きな生命力に動かされて成長しています。だからおとなは断片的にしか、子どものころのことは覚えていないのです。どんな人でもはっきりした意識の光のもとに、子どもの心を全部とりだして眺めることはできません。それでも詩人と呼ばれるような人たちの中には、子ども時代の半無意識的世界を、なんとかしておとなの明瞭な意識で表現しようと努力している人もいます。なぜならば、子どもの深層の世界にこそ、人間が生きていることの最終的な意味が見出されるように思われるからです。

お伽話はもちろんですが、神話や民話などにも子どもと同じ、または似かよった表現が見られます。また、おとなになっても、無意識のままで残っている部分は、子どもの心と近いようです。たとえば、無意識の内容を伝えるといわれる夢は、子どもが使うような表現に満ちています。だから、夢もまた、子どもの心を理解するための一つの鍵となります。この本は、子ども時代の記憶の断片や、詩や、お伽話、神話などの中にある表現から、もう一度、子どもの心を再構成しようとする試みの一つです。そして、そういう子どもに特有な世界の表現を身につけて、実際に子どもたちと一つ世界を共有し、わかり合い、愛し合った人たちの体験的な話を集めたものです。

また理論的には、無意識的な領域の中に、人が深く、心の奥底で共感し合うための要因があることを認め、そこに神話やお伽話の主題が流れていることを見出したスイスの心理学者、C・G・ユングの分析心理学が基礎になっています。

おとなは子どもの深層にある世界のほんの一部しか垣間見ることができませんが、そこはすばらしい世界です。それは、森の奥のしげみやいばらのほの暗い陰に、突然ひらけるあの忘れられた小路です。そして、その果てに見出される光の国です。

この本は、子どもの心を少しでも知ることで、ただ本能的な愛情からではなく、子どもたちとほんとうの意味で共感し、わかり合い、愛し合って、その一人一人のすこやかな成長を見守るために、ご両親、とくにお母さま方に読んで頂きたいと思います。また、子どもたちと毎日のようにかかわっていられる幼稚園や小学校の先生方、児童の心理療法や児童福祉を専門とする先生方にも、是非一読して頂きたいと思います。そして子どもに興味を持つすべての人に目を通して頂きたいと思います。

子どもの心をいくらか知ったことで、私は生きることが楽しくなり、目の前に新しい世界がひらけてきて、前よりもはるかに自分が豊かになったような気がします。そこで、とくに子どもに関心を持たれない方々にも、ご自分の楽しみと心の糧に、この本を読んで頂ければ幸いです。

もくじ

第一部　ウロボロスの世界

第一章　お化けの好きな子どもたち

内なる生命力

子どもたちは、お化けの話が大好きです。私のよく知っているS子ちゃんは、今、二歳七カ月ですが、たくさん持っている絵本の中でお化けの絵本が一番好きなようです。何回も何回も、繰り返して、ひょうろく玉のような形に、かわいい目鼻がついているお化けが、たくさん出てくる絵本をめくって見ています。

S子ちゃんは、近所のお姉ちゃんをつかまえては、お化けの真似をしてくれとせがみます。そこでお姉ちゃんが、手をブラブラさせて、

「お化けぇ〜〜」

とやると、はじめは不思議そうな顔をして眺めていますが、そのうちだんだんおもしろそうな顔になり、最後にキャーッと言ってこわがります。

それでもうこりたのかと思っていると、またすぐに、お化けをやって、やって、とせがむのです。そこでまたお姉ちゃんが、

「お化けえ〜〜」

とやると、やっぱりはじめは不思議そうによく眺めて、そのうちにまた、キャーッと言ってこわがるのです。

お姉ちゃんがおもしろがって、お化けの真似をしながら追いかけると、キャッ、キャッと声をあげながら、半分楽しそうに、半分こわそうにして、逃げまわります。

赤ちゃんは生後五カ月ぐらいからせんさく好きになって、自分のまわりにあるものを、よく注意して眺めるようになります。それが、もやもやとした母と子の一体の、混沌とした世界から、はじめて独立という小さな芽を出すときなのです。

でも、赤ちゃんは一人になることが、ものすごく不安です。もしかすると、お母さんはほんとうにいなくなってしまいやしないかしら。一人で、自分の好きなように動きたいけれど、やっぱりお

母さんの肌がそばにないと淋しい。だから、赤ちゃんは、

「イナイ、イナイ、バー」

が大好きなのです。お母さんの顔が、ある時には見えたり、ある時には隠れたりすることに、とっても興味があるのです。ああ、やっぱりお母さんはいたんだな。いなくなっても、いるんだな。それは、おとなが自分に注意を向けていてくれるという安心感のもとで、いっしょになったり、別れたりするという、子どもの独立の遊びなのです。

もう少し大きくなると、お母さんの膝からそっとはい出して、逃げまわります。でも、赤ちゃんはほんとうは、摑まえて欲しいのです。だから、後ろを向きながら、大きな声をあげて逃げまわります。赤ちゃんは、摑まりたいし、逃げたい。

せっかくうまく逃げたとしても、もし、お母さんが追いかけてくれなかったら大変です。赤ちゃんは、もう棄てられてしまったのか、と思ってしまう。だから追っかけごっこの遊びは、絶対に安心できるという環境の中でなければできません。

生後十カ月ぐらいまでは、赤ちゃんの意識はまだまだ断片的です。どこまでが自分で、どこまでがお母さんなのだか、よくわかっていません。それでときどき不安になって、お母さんのおっぱいをかじってみたり、離乳食もいやいやをして、なかなか素直に食べません。

赤ちゃん自身もイライラして、どうしていいかわからないのです。イライラする気持はすぐに伝染します。とくに親子の間ではそうです。それで、今度はお母さんのほうが我慢ができなくなって、怒ってしまいます。そうすると赤ちゃんは、ますます心細くなって、おっぱいや離乳食を放りだして泣き叫ぶことになります。

こんなときにお母さんのできることは、まず、自分が落着いてやさしい気分になることです。赤ちゃんが暴れるのは、もやもやした温かさから別れて、一人で独立したいし、一方では、そのもやもやこそ、頼りになる大事なものなのです。その中途半端な気分を、なんとかお母さんを相手にうまく発散させたいのですが、お母さんのほうで本気に怒ってしまったら、淋しくなって泣き叫ぶこともできません。

この年代でお母さんと離れていることなんて、体を半分に割かれたようなものなのです。だから、お母さんが外出して、ちょっと長い時間姿が見えないと、赤ちゃんは全然元気がありません。お父さんや留守番を頼まれた近所のお姉さんが、いくらあやしてみてもだめです。

だからといって、お母さんは、いつでも赤ちゃんの傍にいなければならないわけではありません。女性も仕事を持つことが多いこのごろでは、そうしたいと思ってもできない母親も多いでしょう。それにお母さんがいつも家庭にいたとしても、赤ちゃんとばかり遊んでいるわけにもいきません。

たまにお父さんとお母さんが並んで仲良く話をしていたりすると、赤ちゃんは、よちよちと真中に這いこんで、ブルブルッと体を震わせて怒ります。父親の役割はもちろん大事ですが、生後一年ぐらいの赤ちゃんには、まだ二次的なものです。

赤ちゃんの直接の相手は、お母さんです。お母さんが赤ちゃんの一人立ちの遊びの相手なのです。赤ちゃんが、もっとはっきり自分の存在というものがわかり、母親と自分とは別のものなのだということを考えだすのは、生後一年半ぐらい経ってからです。いろいろと自分の体を調べてみたり、動かしてみたりしながら、やっと、生理的に自分と母親は違うものだと確信するのです。そして、縫いぐるみのおもちゃを抱えて、お母さんの真似をして、かわいがってみたり、あやしたりするようになります。

しかし、心理的には、お母さんや、まわりの身近な人たちとの、イナイ、イナイ、バーの遊びは、まだずっと長いこと続きます。お母さんと一体だったころのあのもやもやした世界、それがとっても懐かしいのです。その中にいるとなんにもこわくなくて、すべてが平和で、輝いているように思えます。それと同時に、その世界からは、なにか恐ろしいものが飛びだして、その平和な世界をぶち破ってしまいそうな気がします。

このなんだかわからないもやもやしたものと、その底に潜んでいる恐ろしい力、それが子どもにとってお化けの意味するものです。

それは生れたばかりの赤ちゃんが持っている無限の可能性と、成長力を示しているのですが、小さい子どもは、その力をコントロールして、うまく自分のものにすることがなかなかできません。お母さんから独立することは、このわけのわからない無意識の混沌たる世界から自立することでもあるのです。

その世界は暗く、植物の胚のように固い殻をかぶっています。桃太郎が、桃の固いしんを破って生れるように、子どもの心は固い殻を破って小さな芽を出すのですが、暗い種子の中の世界のように、お母さんの子宮の中にいたあの完全で安心な無意識の世界から、その無意識を栄養分として、しだいにはっきりとものを識別できるようになり、自分の考えを発展させて、両親から独立し、成長します。

人間の一生は、この無意識の持つさまざまな要素を、少しずつ意識化して自分のものにし、一人の独立した男性、または女性として、どこまでも成長することなのです。それはちょうど、大地にこぼれて、冬の間ずっと土の中に埋もれている植物の種が、やがて芽を出し、若木となり、枝を張り、花を咲かせたり実をつけたりしながら、日光や雨や、ときには嵐に見舞われながら、成長を続け、最後には、その下に憩う人を慰める見事な大木になるようなものです。

木が成長するには、大地や日光や雨などの外からその成長を助ける環境的なものも、もちろん大事ですが、それと同時に、もともとその木が成長するための、内なる生命力が、なによりも大切です。

これまでの育児は、主として、外からの影響である、子どもの環境について考えられていました。しかし、これからの育児は、もっと、赤ちゃん自身の成長する力である無意識の本能的な力についても考えてみたいと思います。

無意識と怪獣

人間の持つ内なる生命力は、宇宙に広がる無限の無意識の領域に根ざしています。それは、かつての母子一体の、自・他の区別や、善・悪の違いもなかった無心の世界です。しかし、その力がそのまま溢れだすと、自分も他人も、良いも悪いもわからなくなって、自分がコントロールできなくなり、手におえないものになってしまいます。だから、無意識的なものは、生命の神秘を支えるすばらしいものですが、同時に、そのまま放っておくと、ひじょうに危険なものにもなります。

この生命力の根源にある無意識の混沌とした領域、それがウロボロスの世界です。そこからすべてが生れ、育つ、あらゆる可能性を含んだ世界です。だから、それ自体で完全なもので、男とか女とか、白とか黒とかいう区別はないのです。光も影も、みんなその中に含まれています。

ウロボロスは、よく、蛇が自分の尾をくわえている形をシンボルにしてあらわされていますが、万能で、それだけで完全で、形もなにもないけれども、なんの不足もない世界です。

赤ちゃんの意識は、そんなところから生れてきます。そして、いろいろ新しいことを試みては、あるときは失敗し、あるときは成功しながら、自分の経験や、まわりのおとなたちの真似、そして指導のもとで、少しずつこの母子一体の形のないウロボロスの世界から、自分というものを形作っていきます。

赤ちゃんが最初に覚えるのは、やっていいことと悪いことです。それは赤ちゃんの自由な万能の世界を制限しますが、制限というのは、自分と他のものや、他の人との区別を知るのに、なによりも大事なことです。

ものに形があるのは、そういう形に制限されているからです。もし、お茶椀にきちんとした形がなくて、くにゃくにゃしていたら、それにお茶を入れることもできないし、そこからお茶を飲むこともできません。それと同じように、赤ちゃんの心も、最初はくにゃくにゃしていて、お母さんの心にくっついていていて形にならないものですが、そこから少しずつ、自分という考えが形になって芽を出します。

そしてお母さんから、危ないからだめですよと教えられても、赤ちゃんの中に目ざめた小さな自分は、こっそりと一人でいろいろ試してみて、ほんとうにこわいことを知り、それから自分を守ることを覚えます。

もし、赤ちゃんがこわいことを知らなかったら、とても危険だと思います。熱いストーブに平気でさわってしまうかもしれないし、交通の激しい道に、危ないことも知らないではいだしてしまうかもしれません。人間は、こわいことを知っているので、危険を避けて長生きできるのです。

こわいもの見たさ、という言葉があります。こわいものはおもしろいものです。赤ちゃんは、まだ、そんなにたくさんのことは知らないので、まわり中にあるものが、とてもこわいような気もするのですが、知らないものはこわいだけではなくて、珍らしくておもしろいものです。そして赤ちゃんは、そのおもしろさにひかれて、こわい気持を克服しながら、いろんなことを試したり、習ったりして、しっかりした自分という形を作りあげ、意志の強い、積極的な子どもに育ちます。だからお母さんは、赤ちゃんがこわがっても恐れることはありません。

こわいこと、それは大事な情緒性の一つなのです。しかし、お化けのこわさは、赤ちゃんのまわりにある現実的な危険のこわさとは少し違います。それは、あの混沌としたウロボロスの世界の持つ力が、もやもやと心の底から浮かびあがってあらわれたものです。それはただこわく、珍らしいだけではなくて、もっと身近な感じのするものなのです。

たとえば、赤ちゃんは、ときどき暗いところをこわがることがあります。狭くて、暗くて、暖かなところは、お母さんのおなかの中のようで、ほんとうは赤ちゃんは大好きなはずなのですが、どうかすると、暗いところで、

「アッ、アッ」

と言って、空間を指してこわがることがあります。

誰もお化けの話なんかしないのに、どうしてあんなにこわがるのだろう。きっと誰かが、こわい話でも聞かせたに違いない、などと思うお母さんもいるかもしれません。しかし、誰にも聞かされなくても、赤ちゃんは自分の想像力から、いろいろ不思議なものの姿を思い浮かべることができます。

そして、自分でも半分ぐらいは、そこになにもないことがわかっていて、それでも想像したものが、暗いところに見えるように思って、こわがっているのです。赤ちゃんが不安になってこわがるのは、ほんとうは赤ちゃん自身の、育っていく成長の力なのです。うんと泣いてみたい、思いきって暴れてみたい、そんな溢れでる本能的な力なのです。でも、赤ちゃんだって、あんまり泣いたり

暴れたりしたら、おこられることは知っています。それで、じっと我慢しようとすると、それが外側にお化けや怪獣のような形になってあらわれるのです。だから赤ちゃんは、自分で自分の力をこわがっているといってもいいかもしれません。

よくお伽話の中に、こわい狼だとか、魔法使いのおばあさんが出てきます。赤ずきんの狼だとか、ヘンゼルとグレーテルが森に迷いこんで見つけたお菓子の家から出てくる魔法使いのおばあさん。みんなこわいお話ですが、こわいからといって赤ちゃんに話して聞かせてはいけないということはありません。

外国のお伽話ばかりではなく、日本の桃太郎や一寸法師にも、恐ろしい赤鬼や青鬼がでてきます。狼や魔法使いや鬼たちは、実は、赤ちゃんにとって、そんなに不思議なものではありません。それはまだ、はっきりとした形になってはいないけれど、最初から赤ちゃんの心の中に住んでいるものなのです。

赤ちゃんは、その姿をはっきり見て、こわいけれども満足して、やっと心がやすまります。もう少し大きくなると、いつまでも同じお伽話をあきもしないで、聞いていたり、絵本を長いこと見ていたりします。何回聞いても眺めても、こわいけれども、どこか懐かしく、自分のもやもやした気持にぴったりするので、あきないのです。

　こわいところは、スリルがあって、いつもドキドキさせられるし、自分がお化けや鬼になってみたり、反対に、恐ろしいものを退治する英雄になってみたりして、いろいろ想像しながら遊ぶと、いつまでたっても退屈しません。それは、母子一体のウロボロスの世界から出たり入ったりしながら、赤ちゃんが無事に成長していく大事な過程です。

　今年小学校の一年生になったM君は、まだ言葉がはっきりでてきません。おとなの言うことはよくわかって、ときどき、「ホッ」とか、「ケッ」とか言って、今にもなにか話しだしそうなのですが、そこでとまってしまって、もう一つ言葉にならないのです。なにか、とても大切なものが欠けているように思えます。

　そのM君がお母さんといっしょに遊園地に行ったら、お化け屋敷がありました。M君が暗い建物の中をのぞきこんでしきりに入りたがったので、お母さんもしかたなしにM君を連れて入りました。外から入ったばかりのところで、暗闇にまだ眼がよく慣れないうちに、うす気味悪い光を発した生首がいきなり飛びだしました。そうしたらM君は、それをボールかなにかのように、ヤッとつかんでしまったのです。それを見て、後ろからきた女子学生たちが、みんな、キャーッと言って逃げてしまいました。でも、M君はニコニコ笑って、生首を抱えています。

M君のどこがいったい変なのでしょうか。彼にはお化け屋敷のうす暗さは、なんとなく懐かしいもので、そこにお母さんといっしょに入ることはすばらしいことなのですが、なにかの理由で、その暗い無意識のウロボロスの世界の持っている力が、もう一つよくわからないのです。だから、その力の持っている恐ろしさも知りません。それでときどき、その力をコントロールできなくなって、大暴れすることもあります。でも、お母さんとお化け屋敷に入ったり、いろいろなやりとりをしているうちに、M君にもお化けのおもしろさやこわさが、段々わかるようになるでしょう。そうしたら、もっと言葉もたくさん使えるようになって、しっかりした子になると思います。

アメリカのモーリス・センダックという人の絵本に、とても楽しいお化けの話があります。ある坊やがひと暴れしてみたくなって、狼のお面としっぽのついた服を着てみます。そうすると急にすごく力がでてきて、強くなったような気がして、犬をおどかしたりして、いたずらをします。

そのうち自分の部屋に戻ると、窓から満月が昇るのが見えます。一人でいろいろと想像をめぐらせているうちに、部屋の中にいっぱい木が生えてきて森のようになり、急に冒険がしたくなってきます。

「僕は森の狼の王さまだぞ」

満月の森の中で踊っているうちに、どんどん森の奥に入ってしまい、そのうちに森を抜けて海岸にでると、お船があります。そこでお船に乗って、まだどんどん先に進むと、向うに島が見えてきます。それはお化け島で、いろんなお化けがたくさん住んでいます。

そこで、お化けをみんなやっつけて、今度はお化けの王さまになり、満月に浮かれてお化けといっしょに大暴れ、とても楽しい毎日なのですが、そのうちになんだかお母さんが恋しくなって、家に帰りたくなります。お化けたちは名残りを惜しんで、

「帰るなら、食べちゃうぞ」

とおどかしますが、でも、やっぱり家に帰ることにします。そこでまたお船に乗って、長いことかかって前の海岸に着き、家に帰ります。そうしたら、いつの間にか、ベッドでうたた寝をしていて、窓から見えるお月さまは、ずっと高く昇っていました。そして、テーブルの上には、お母さんがそっと置いていった温かいスープがありました。

これがセンダックのお化けの話ですが、子どもは、ときどきお化けのいるこわい無意識の世界に行ってみたいと思います。センダックの描いたお化けは、日本の怪獣たちにそっくりで、なるほど、それで子どもたちは怪獣のおもちゃで遊ぶのが好きなのだな、ということがよくわかります。

子どもにとってよい仲間であり、もっとも身近な動物は、犬や猫です。たとえ自分の家では犬や

猫を飼っていなくても、子どもたちはそれをよく知っています。その次に近い存在は、羊や牛や馬のような、人間の役に立つ家畜です。それから、野うさぎや狐や狸のような森のおとなしい動物、あるいは、もう少しこわい狼。あんまり見慣れないキリンや象、そしてライオン、虎、豹などの猛獣、それよりも遠くなると、想像上の動物になって、ドラゴンや怪獣、鬼など、そして最後に、形もはっきりしないお化けということになります。

つまり、子どもにとっては、怪獣やお化けはずっと遠いところにいて、なんだかよくわからないもので、恐ろしい無意識の暗い世界にいるものなのです。しかし、犬や猫と同じように生きもので、友だちのようなものです。でも、よくわからなくて、すごい力を持っているものなので、一番こわい存在だし、なによりも想像するのにおもしろいものです。

赤ちゃんは、原初の無意識のウロボロスの世界から、ちょっと顔を出しただけなので、まだ、お化けや怪獣の世界と、そんなに離れてはいません。だから、お化けのことを考えようと思えば、すぐにその気分になれるのですが、大きくなるに従って、お化けや怪獣とは少しずつ離れていきます。そんなときに、もう一度あの昔の世界に戻って一暴れしたくなると、お化けと人間とのちょうど中間ぐらいにいて、人をだますこともある狐や狼が、その媒介をするのです。

センダックの絵本の中で、成長する力がありあまって大暴れをしたい坊やは、まず狼になります。

それから、無意識そのもののように、生物が最初にそこから生れたという原初の海を渡って、お化けの住む島に到着します。そしてお化けたちと気持のすむまで暴れまわって、やっと現実のお母さんのいる、形のある世界に戻りたくなるのです。そしてすっかり満ち足りた気持で目をさまし、しみじみと、お母さんのやさしさを感じます。

だから、お化けや怪獣の住むところにときどき出かけることは、子どもの成長にとって、ひじょうに大事なことです。お化けは、まだ生れたばかりで形にならない赤ちゃん自身のようなものです。心の中の、鬼や怪獣やお化けと親しむことで、赤ちゃんはその成長のエネルギーを自分のものにすることができます。

フロイトとユング

スイスの心理学者のカール・グスタフ・ユングは、この無限に広がる無意識の世界を海にたとえるとすれば、意識はその真中に生れてくる島のようだと言っています。しかし、それは海と陸地ほど安定した関係ではなくて、無意識も意識も、けっして同じ状態にあることはなく、絶えまなくわきあがり、内容を交換しているのです。無意識から意識へと浮きあがってはっきりと頭に刻みこまれるものもあれば、それほど強い力を持っていないので意識にまでのぼらないものもあり、また、一度意識されても、また忘れられて、無意識の底に沈みこむものもあります。無意識は生きもののようで、意識といつも影響し合っています。そして無意識から生れて意識の中に浮かびあがってくるもの、それが思いつきや想像です。その世界はあらゆるものの母体で、意識はそこから次第に育ち、自分という形を作り出していくのです。

ユングは、この無意識の世界を、古代の宗教家や中世の錬金術師たちのように、ウロボロスの領域と呼びました。

無意識というような領域が私たちの心の中にあるという考えは、広い意味では、昔の神秘的な宗教家や哲学者たちの間にもありましたし、この言葉を人間の心理の問題として最初に使ったのは、フランスの精神医学者のピエール・ジャネーという人でした。しかし現在われわれが使っているような無意識の概念を最初に考えだしたのは、精神分析運動を創始したジクムント・フロイトです。

フロイトは最初、神経症の人たちを催眠療法によって治療していました。患者を催眠状態に導いて、

「あなたの症状は眠りからさめたら、治っていますよ」

と、暗示をかけるのです。この方法は、とくにヒステリー症状の人には効果があって、フロイトは、

パリ大学附属のサルペトリエール病院に留学したときに、有名な神経病理学者のジャン・マルタン・シャルコーが催眠暗示で、ヒステリー症状を治したり、また出したりするのを見て感激し、これを自分の治療に取り入れました。

そのうち、後催眠暗示といって、催眠からさめてしばらく経ってから、催眠中に命じられたことを、患者が自分でも気がつかずに何気なくするという不思議な現象に興味を持って、人間の行動には、はっきりと意識してする行動の他に、潜在的なもう一つの世界があるのではないかと推測しました。これがフロイトによる無意識の世界の発見のもとになったと言われています。

そしてフロイトは、人間の無意識の中にある性的な願望と、これに対する反動としての自我の反抗との間の葛藤によって、神経症が起こるものと考えました。そしてそれを人間が生れたときから活動を続けている性本能によるエネルギーであると考え、子どもにも性生活があるという説を発表しました。子どもの性生活の特徴は、対象が他人ではなくて自分の身体であり、ある特定の場所や粘膜のあるところに、自分で刺激を与えて、生理的な快感を得ることです。

たとえば、最初の段階は口唇期と言って口による快楽が中心になります。赤ちゃんの一番大事な対象は、お母さんのおっぱいですが、ただ、お母さんのおっぱいを吸って満足するだけではなく、おっぱいをしゃぶったり噛んだりして、口の中の快感を満足させます。でも、いつでもお母さんのおっぱいが傍にあるわけではないので、自分の親指をなめたり足の指をなめたり、その他なんでもまわりにあるものを口に入れたがります。

小さいときに、十分、口唇的な欲求を満足させた人は、のんきで寛大な性格になり、それがうまくいかなかった人は、すぐにイライラして嫉妬深く、意地悪になると言われています。この時代は、生後一年半ぐらいまで続きます。

次の段階は肛門期と言って、排泄をするときに快感を感じるのです。そして排泄物をためて我慢したり、出したり、自分でいろいろコントロールすることで思うように快感を得ようとします。子どもは、排泄物を出してしまうのが惜しくて、いつまでもとっておきたいのですが、出すときの快感もやめられません。それに、お母さんのしつけが加わって、自分の好きなときに出すとしかられ、お母さんの命令通りに、一定の時と所ですれば褒められます。だから子どもにとっては、これはどっちにしたほうがいいか、大問題になるのです。

この時期を上手に通りこした子どもは、おとなしく、素直で、きちんとしたことが好きになり、これに失敗すると、ケチで、反抗的で、ひどくだらしなかったり、なんでも儀式的にやらなければ気がすまないようになると言われています。年齢的には、この期間は二歳から四歳半ぐらいまで続きます。

口唇期に問題がある人は、後で煙草やお酒など口を楽しませるものに溺れ、肛門期がうまくいかないと、金銭に極端にこだわるようになるという説もあります。その後が男根期で、男の子はとくに自分のおちんちんに興味を持ってやたらにさわるようになり、またなんにでもおしっこをひっかけたがったりする時期がしばらく続きます。

そしてこのころから子どもは性の対象を、もっとはっきりと意識するようになります。男の子は母親を独占して、父親を競争者と考えるようになり、父親なんかいなければいいと思うのです。ところが父親もやっぱり大事なので、悪いことを考えてしまったと自分で悩み、そのために罰を受けるのではないかと、恐ろしくなります。この母への愛、父への憎しみ、そして罰を受ける不安から生れる心理的な問題を、フロイトは、エディプス・コンプレックスと呼びました。

ギリシャ神話の、エディプス王の物語からつけられた名称で、エディプス王は、父を殺して母と結婚するように運命づけられていて、なんとかそれを避けようと旅に出て、かえってその運命の通りに、自分でも知らずに父を殺して母と結ばれてしまうという筋を、子どもの心理になぞらえたのです。

これは女の子の場合は、父親が好きで母親を押しのけて自分が代わりをしようとする欲求などに見られます。また女の子は、このころから自分にペニスがないのを、去勢されたものと思い、男の子に対して劣等感を持つようになるとも言われています。

この年代は、五、六歳までですが、その間に弟や妹が生れると、両親、とくに母親を取られたと思って、ものすごくやきもちをやいたりすることもあります。しかし一般に、兄と妹、姉と弟のように異性の兄妹・姉弟の間では、失われた父親や母親の愛にかわる普通以上の仲の良い関係が発達します。だから一口に兄弟の仲が良いといっても、その背景には、いろいろと複雑な心の問題が含まれているのです。

子どもが六、七歳になると、この幼児期の性愛的な傾向は潜伏期に入って、子どもたちは、自分自身や家族のことより、もっと広い社会に目を向けるようになり、いろいろな技術や知識を教わって、一人前になります。そして、性衝動が再びあらわれるのは思春期になってからであり、おとなになっていろいろな問題が起こるのも、この幼児期に経験され、また忘れられて、無意識の世界に抑圧された子ども時代の問題が、大きく影響しているというのがフロイトの考えです。

フロイトの説は、なるほどと思わせるものが多く、いろいろな問題を含んでいます。とくに、大事な人格の形成期である子ども時代に問題の焦点を合わせた点は、すばらしいと思います。しかし、フロイトより十九歳若く、最初はフロイトといっしょに行動していたのですか、無意識の内容をすべて性欲的なものとしたフロイトの考えにあきたらず、フロイトの精神分析学とは別に、ユング心理学、または分析心理学という一派を立てたユングの考えは、少し違います。

ユングはフロイトの考えを一理あるものとして認めたのですが、フロイトのいう過去に嫌な思いをして抑圧したものでできている無意識よりもさらに奥に、もっと人類に共通で、しかも集合的な、その人自身の経験とは特別に関係のない、あらゆるものを総合した無意識がある、と考えたのです。それがウロボロスの世界なのです。

その世界から生れてくる自分の存在という赤ちゃんの最初の意識は、初めは断片的ですが、しだいに、他人と自分、昨日と今日というように、それまでの経験の断片をつなぎ合わせて、一つの性格的な傾向を作りあげます。ウロボロスの世界からは、さまざまなイメージが浮かびあがってきますが、それは現実の父親とか母親とかいうよりも、もっと普遍的なもので、たとえば「母なるもの」とか、「父なるもの」というような性格を持っています。

フロイトが男の子の心理を中心にし、主として男の子と父親の間に起こる葛藤について述べたのに対して、ユングは赤ちゃんが最初に相手として認識する母親の問題を多く取りあげました。赤ちゃんにまだ自分という意識はあまりなくて、母親といっしょのころの、なんの心配もない天国のような世界、その母子一体の世界はすばらしいものですが、あまり気分が良いので、いつまでもそこにいようとすると、なかなか独立した一人の人間にはなれないのです。そういう意味からは、母親の存在は子どもの成長をとめてしまう恐ろしいものです。しかし、また一方では、母親がいてこそ子どもは育つのです。

そこで、子どもが成長するには、この良い面と悪い面の二つの顔を持った無意識の中の「母なるもの」の姿をよく眺めて、意識化しなければなりません。そしてときには、その「母なるもの」の世界に心理的に戻り、そこに埋もれて、再び母親のお腹を切り開いて、新しく生れ直さなければならないこともあります。

ユングの考えからすると、子どもたちは、神話やお伽話にあるようなさまざまの劇的な場面を、無意識の世界の中で体験しながらおとなになるのです。その体験は、ときには実際に心の中ではっきり認識することもあり、ときには空想や想像の中でぼんやりと考えることもあり、また、もやもやとした気分だけが意識の世界に浮かびあがっただけで通り過ぎてしまうこともあります。

子どもは、こうしたイメージや状態を、他のものや人に投げかけることがよくあります。たとえば、自分でも気がつかずに、お母さんに甘えたくて、同時に自分の好きなようにふるまいたいときに、どうしてよいかわからなくなります。そして自分のむしゃくしゃした気分をお母さんに投げかけて、お母さんが全部悪いと思うのです。しかし、お母さんのほうは、なんで子どもが怒っているのか、さっぱりわかりません。そんなときに、もし、暴れまわって壁にぶちあたったりしたら、それはもう、絶対に、壁が悪いと子どもは思うのです。

ユングの考え方は、ファンタジーに富んだ子どもの心を素直に捉えていて、ひじょうに面白いのですが、ユング自身は子どもの問題については、あまり語っていません。子どもは無意識的に両親とつながっているので、子どもの問題は親の問題であって、親が問題を解決すれば、それですべてがうまくいくはずだから、子どもの心そのものにはあまりふれないでもよいと考えていたのです。

それはたしかに一面の真実です。しかし、親や家庭の問題はひじょうに複雑で、そんなに簡単には解決しないし、その間に子どもの成長がどんどん歪んでいってしまうということもあるのです。また、表面的な解決はかえって問題を無意識の中に抑圧してしまって、子どもに悪影響を与えるということもあります。

それよりも、どんな環境や状況にあっても、子どもたちの心が素直にすくすくと育つように、もっと直接、子どもの心そのものについても考えてみたいと思います。

フロイトの学説は幼児期に重点を置いたものだったので、フロイトの後継者からは、子どもの心理を研究した人がたくさん出ました。その一人は、フロイトの娘のアンナ・フロイトです。アンナは、現在でも、子どもの精神分析の指導者として活躍しています。彼女は具体的な問題にそって、子どもが自分の心の中の衝動を抑圧したり調整するために、自分を守る防衛というはたらきを発達させるだけではなく、環境に対しても防衛のはたらきを使って上手に適応しようとする、という理論を考えました。そして、正常な環境にいる子どもの情緒性の発達と、母子家庭や孤児などの異常な環境にいる子どもたちの発達とを比較研究し、子どもがいかに環境に適応していくか、それは子どもの性格にどんな影響を与えるか、という研究をしました。

一方、同じフロイト派のメラニー・クラインは、生れたばかりの赤ちゃんの心理を精神分析的に解明し、フロイトが語らなかった母と子どもの関係を深く追求した女性です。クラインは子どもの心の中の攻撃衝動や羨望によって、良い母親と悪い母親のイメージが生れてくると考えました。これはユングの両面的な母親のイメージのとらえ方と、出発点こそ違いますが、同じような考え方です。

精神分析的な児童心理の学者には、このメラニー・クラインの理論とユングの理論を上手に使って、今でも子どもの心理療法に携わり、子どもの心の発達を研究している人に、マイケル・フォーダムという分析家がいますし、また、アンナ・フロイトの分析を受けて、後に精神分析的な子どもの発達理論を確立したE・H・エリクソンがいます。

その他にも、フロイトの理論を参考にしながら、自閉症の子どもたちを治療し、観察するブルーノ・ベッテルハイムなど、子どもの心の問題を外側からではなく、子どもの心の中に入りこんで研究し、治療する人たちは少なくありません。

フランシス・ウィックス夫人

しかし、私はここで、この人たちよりも、もっと子どもの世界の持つファンタジーに富み、子どもの心の中に入りこむだけではなく、子どもと同じように、同じレベルに立って、共感し合ったもう一人の児童心理学者、ユング派のフランシス・ウィックス夫人の考えにそいながら、これまでの私自身の子どもとの体験も交えて、この本を書き進めていきたいと思います。

なぜかというと、ウィックス夫人は、学者というよりも、ほんとうに子どもと心の奥深くで手をつないだ心理療法家だったからです。彼女は、十年ほど前に、八十歳をはるか超える年齢で亡くなりましたが、子どもがわかるだけではなく、いつまでも自分がつきあっていた子どもたちを愛していた人で、その子どもたちがおとなになってウィックス夫人から離れてしまってから四十年も経って、もう一度、みんながその後どんな暮しをしたかと、訪ねて歩きました。いろいろな問題を持った子どもたちだったのですが、彼らのやさしい心は、ずっと彼女の心の中で生き生きと暮していたのです。

これはとても大事なことだと思うのですが、彼女にとって、情緒的な問題を持っている子どもでも、一見、健康に見える子どもでも、心の奥まで入ってしまえば同じなのです。どんな子どもでも、心の中では、とてもおもしろいことを考えています。そしてその子どもの世界は、私たちおとながが忘れてしまったお伽の国の夢のような領域なのです。

私たちおとなは現実の生活に追われて、子どものころのことをすっかり忘れてしまっています。しかしそれは無意識のどこかに残っていて、その世界が私たちの生きていくエネルギーの原動力になっています。その力をしっかりとつかんで、鋭い意識で、その世界から新しい表現を生みだそうとしているのが詩人と言われる人たちであり、芸術家と呼ばれる人たちです。だから子どもの心を取り戻すことは、私たちおとなにとって、非常に大事なことだと思います。

フランシス・ウィックス夫人は、ニューヨークの人で、長いこと学校の心理カウンセラーをしていたのですが、いろいろ難しい子どもの症例にぶつかって、その症例を通してユングと知り合い、チューリヒまで出かけて、直接、ユングの分析と指導を受けました。そしてもともと子どもの心をよく知る人が、さらに、子どもが自分でもはっきりとわかっていない心の奥の世界まで知るようになりました。

無意識の世界で、子どもとしっかりと手を握り、それを段々と自分のものにして最後には子どもの心そのものを身につけたウィックス夫人のあり方はすばらしいと思います。子どもと付き合うことの多い私も、及ばずながら、彼女のようにありたいと願うものです。

子どもは知らないうちに、自分を母親や父親と同一視して、同じような考え方をし、同じようにふるまいます。それは子どもが成長するためには大事なことなのですが、しかし、自分で気がついて、良いと思ったものをたくさんのものの中から選びだして真似ているわけではありません。それはほとんど無意識的な無差別の行為なのです。親のほうも、子どもが自分にそっくりに育つことは嬉しいので、なるべく自分自身の理想のひな型を子どもに押しつけようとします。しかし、それは子ども自身の個性の発展を妨げることもあります。

子どものほんとうの成長は、最初の母子一体の世界に根を下しながらも、そこから少しずつ独立し、親の援けを頼りにしながら、しかも親と自分との間の同一化から抜けださなければなりません。

それには、あのもやもやしたお化けのいるところ、ウロボロスの世界と親しみ、その楽しさやこわさを、親も子も共によく知ることが、なにより大事だと思います。

第二章　子どもにもタイプがある

外向と内向

生後七日までの新生児の研究をしている人から聞いたのですが、生れたばかりの赤ちゃんは、みんな同じようで、まだ性格もなにもないように見えますが、よく観察すると、それぞれ少しずつ違うそうです。

たとえば、赤ちゃんの顔に光線をあてて、しばらく経つと、その光源を追ってじっと見つめたり、手を振り動かしたりしますが、赤ちゃんによって反応の強い子、弱い子、比較的に早く反応する子と、なかなか反応を見せない子など、さまざまだということです。

もう少し大きくなると、まわりにあるものをよく見わけ、よく眺めてみたり、すぐにさわったりする赤ちゃんと、なにか変わったことがあってもすぐには反応しないで、ぼんやりとした顔をしていて、無理に注意を向けさせると、用心深く遠くから眺めるだけの赤ちゃんがいます。

さらに言葉が出るようになっても、なんでもすぐに覚えて、よくおしゃべりをする子と、言葉は少ないけれども、おっとりとして、動作もゆっくりしている子がいます。

ものをよく見わけたり、おしゃべりが上手な子どもは、心が自分の外の現実の対象に向かっているので、外向的な子どもです。そして、ゆっくり反応し、比較的に言葉の少ない子どもは、心が自分の中の想像の世界に向かっているので、内向的な子どもです。

そのどちらがいいとか、悪いとか、頭がはたらくとか、にぶいとか、そういうことではありません。どちらもその子どもの特徴で、外向的態度の子どもは、反応は早いけれども浅く、内向的態度の子どもは、反応は遅いけれども深いのです。

外向的な子どもは、どんどん移り変わる外の環境にもごく自然に適応し、集団活動にも入りやすく、他の人の考えもよく受け入れて、お友だちもたくさんできると思います。

なにごとにも積極的で、目立つことが大好き、みんなに無視されるよりは、笑いものになったほうがまだましだ、という性格です。まわりの人たちの考えを、巧みに自分の中に取り入れて、さっと、うまいことを言ったりする子どもです。

これにひきかえて内向的な子どもは、なにごともよく考えて、自分の価値観に照らし合わせてからでないと反応しません。こういう子は、他人がどう言っても、自分で納得しなければものごとを受けつけないので、意固地な感じを与えることがあります。いい加減にものを考えたり、無責任なことはしませんが、なんでもしつこく追及したり、完全にできないと気がすまなかったりして、手早く要領のいいことはできません。

現代は外向的な時代なので、内向的な子どもは、損をすることが多いようです。たとえば知能テストなどでも、内向的な子どもは問題にすぐ反応しないで、自分の中に取り入れてじっくり考えるし、その問題から発展して、いろいろ他のことまで考えていたりするので、時間をとります。その上、かならずしも、求められているような常識的なことを答えるとは限らないのです。だからテストの結果は、同じ程度の知能を持つ外向的な子どもよりも、ずっと点数が低くなることがよくあります。

こういう性格の差は、本来、持って生れてきた傾向なので、環境のせいではありません。お子さんを二、三人持っておられるお母さんならよくご存知だと思うのですが、同じように育てているつもりでも、反応の早い子や遅い子、言葉の多い子や少ない子など、子どもたちはそれぞれ少しずつ違います。また自分の性格によく合う子どもと、なんだか肌合いが少し違う子どもがいることに気づいていられると思います。

学校でもうまくいかないし、家でも兄弟の間で一人仲間はずれで、いつもむっつりとしていて、まわりから押されると不機嫌さを爆発させるある男の子が、次のようなファンタジーを話してくれた、とウィックス夫人は語っています。

「僕は自分の土地を持っているんだよ。それは湖の真中にある島なんだ。湖の岸はとってもくねくねしていてね。岸辺には町があるんだ。町と町の間をお船がジグザグに行ったり来たりするんだけれど、いつも僕の島の傍を通るときはね、高い岩が見えるんで、上陸できないんだよ。そこに行くには一つしか道がないんだ。

二つの町の間とうしろのほうには森が広がっていてね。すごく暗くてこわいんだぞ。大きな岩がごろごろしていて、みんな同じように見えるんだけど、そのうちの一つを持ち上げると、その下に戸口があるんだよ。そして戸口の先にはトンネルがあって、そのトンネルをずっと通って行くと、湖の下をくぐり抜けてね。島の真中に出るんだ。そこは木がまわりに茂っている、小さな静かな場所なんだよ。僕はよく、そこに考えごとに行くのさ……」

それから、彼はイライラしたように声をあげて言いました。

「みんなはそこを知らないんだ！　みんなはぼくが誰だかも知らないんだ！」

彼はまわりの人たちとうまく歩調が合わないで、傷つき、ばかにされて、自分の心の中の秘密の隠れ場にこもってしまったのです。そして、自分の中にときどき入って、静かに考えたいという欲求も、誰もわかってくれないので、人が信用できなくなってしまったのです。そして誰とも遊ばなくなり、現実の世界は、意地悪な、気味の悪い、嫌なところに見えるようになってしまったのです。

内向的な子どもは、誰かがその気持をよくわかってやらないと、ときどき、人間関係や現実の世界から目を閉じてしまって、疑い深い、むずかしい子どもになります。でも本当は、こういう子どもたちは、想像力が発達しているおもしろい子なのです。そして、自分の気持を傷つけない、良い理解者がいれば、すばらしいファンタジーを繰り広げてみせてくれます。

こういう傾向のある子どもたちには大勢の友だちは要らないのですが、でも、一人か二人、彼らの考えていることがよく通じる友だちがいないと、すっかり自信を失くしてしまいます。そして、世の中をますますひどいところと思うようになり、しまいには他人だけではなく、自分自身まで信用しなくなるのです。

どんなに環境の良いところに育った子どもでも、また悪いところに育った子どもでも、どんなに両親の愛に恵まれている子どもでも、また、いろいろな事情から肉親と離れて育つ子どもでも、その子どもの性格をわかってくれる友だちや、おとながいなければ、子どもの心は素直に育ちません。

比較的まわりの世界に適応のよい外向的な子どもでも、その積極的な態度から、たくさんのお友だちができて、明るいよい子になることもあるし、反対に、喧嘩好きで、すぐにまわりの子どもたちと問題を起こす困った子にもなります。

外向的な性格の人は、引っこみ思案の内向的な性格のものを、現実離れしていて、夢みたいなことばかり考えていて、役に立たず、気が利かないで、のろまで、嫌な奴だと考えがちです。その反対に、内向的な性格の人は、積極的で外向的な性格のものを、でしゃばりで、うるさくて、その場をうまくごまかす、深みのない、不愉快な奴だと思います。

しかし、それは性格の違いであって、その人間がほんとうに悪い人だというわけではありません。子どもたちを見るときにも、それぞれ、子どもには固有の性格傾向があることを、心にとめるべきです。そして、子どもたちにばかりではなく、おとなにもタイプがあって、自分とはタイプが違うので、わかりにくい子どもがいるかもしれないということも考えたいと思います。

お母さんたちは、自分の子どもは自分のもので、なんでも思うようになるものと考えていられるかもしれませんが、この生れつきの気質や態度は、一人一人別で、そういう意味では子どもはけっして親のものではありません。自分の子どもでも、その子どもの考えていることを本当に理解するのは、そんなにやさしいことではないのです。

子どもとつき合う幼稚園や小学校の先生方も、胸に手をあてて考えてみれば、けっしてどの子も同じようにかわいいというわけではないと思います。なんとなく嫌な感じのする子、そういう子どもは、あなたの弱点である反対の性格を持っている子どもなのです。そんなときには、わからないながらも、じっとその子どものすることに目を向けていれば、きっと子どものほうでも素直に反応すると思います。こういうときに、おとなは子どもに教えられることが、ほんとうに多いのです。

誰でも、自分の性格を変えるということは、すぐにはできないものです。また反対の性格の人を理解することも、やさしくありません。しかし、どんな小さい子どもにも、それぞれ違った性格があり、特徴があるということを大事にして、自分の考えを押しつけたり、それだけで相手を判断しないように気をつければ、子どもの心が曲げられてしまうことはありません。

しかし、これは言うことはやさしくても、実際に行うことはそんなに簡単ではありません。自分のかなえられなかった夢を、子どもに託す親は多いのです。たとえば、自分が学者になりたかったのに、いろいろな事情からなれなかった親は、子どもが学者になってくれればいいと思って努力します。ときには、親のほうも自分のほんとうの夢を抑圧してしまってはっきり意識していないので、子どもにも、意識的にはなにかを命じたり、させようとしたりしていなくても、子どものほうで勝手に、親の隠された希望を無意識的に感じて、その重荷の下で、自分自身を十分発達させることができず、なにをやらせてもだめな子になってしまうこともあります。

自分の性格と反対のことを親から押しつけられた子どもは、ほんとうにかわいそうです。ある母親は、勝気で外向的な性格でしたが、小学校のときから、いつも成績は一番で、男の子にも負けたことがありませんでした。しかし家庭の事情で、大学までは行くことができずに、ある中小企業の社長夫人におさまりました。彼女はいわゆる良妻賢母で、家の中を上手に切り廻し、子どもたちの教育にも十分気をつける母親でした。

しかし、残念なことに、そしてその子にとっては、多分、幸福なことに、最初の男の子は期待はずれで、学校の成績もたいしたことはなく、見たところもごく平凡な子どもでした。しかし二番目の女の子は、小柄で見るからにデリケートな子どもでしたが、美しく、どこかに深い鋭いものを持っているように見えました。そこで彼女はその女の子に自分の見果てない夢を、全部投げかけたのです。

この子は気が小さく神経質で、いつもめそめそしながら、母親の服の袖にぶら下がっていました。ちょっとでも母親から離れると、とても不安そうでした。捨て犬を見るととても悲しがって、「あの仔犬たちのお母さんはどこにいったの」と泣く子でした。少し悲しいお話をしようものなら、目に涙を浮かべ、じっと首をかたむけて、いつまでもおとなしく聞き入りました。

勝気な母親にとって、この子はどうも、もう一つよくわからないところがありました。そこでなんとかして、まず、その気弱な性格を直そうと思いました。そして、嫌がる子どもを励ましながら、幼稚園に行く前から字を教え、ピアノのお稽古に通わせ、自分の思う通りのお姫さまに仕立てようとしました。いつも傍についていて、子どものためにはなんでもやり、十分愛情をそそいでいると思っていました。小学校も、ある有名な私立大学の付属に通わせ、宿題も手伝い、予習も復習も見てやって、つききりで、子どものために奉仕しました。

そうしたある日、この子は急に甘えたり泣き声をだしたりしなくなって、一見、ひじょうにしっかりした子どもになったように見えました。母親も、やっとこれで努力の甲斐があって、この子も強い子になったと思ったのです。相変わらず無口で、あまり愛嬌のある子ではなかったけれども、成績も良く、これでやっと親に心配をかけないようになったと、ほっと一安心したのです。

ところが、それからしばらくして、学校から急な呼びだしがありました。どうしたことかと飛んで行ってみると、なんと、子どもが学校の近くのスーパー・マーケットで万引をしたというのです。しかも、いつも単独で、常習犯らしいということなのです。

「あんなに大事に育てたのに、家ではなんでも買い与えて、なに一つ不自由させてはいないのに、そんなはずはない、そんなことは嘘だ」

と彼女は必死に抗議しました。学校の成績もよく、ピアノも上手になって、小さいころよりずっと強い子になったかつての泣き虫のやさしい子は、しかし、お母さんの前で一言も口をききませんでした。もう、甘えることもしませんでした。自分のやさしい、内向的で静かな性格を無理に変えられてしまったその子は、裏切られ、傷ついて、もう誰も信用しない子どもになっていました。

お母さんにまつわりつく子どもは、ほんとうは、母親との関係があまりうまくいっていない子なのです。小さいときから、彼女はなんとかして、自分のやさしい、愛情に溢れた性格を、誰かにわかってもらおうとしていたのです。しかし、母親の自己犠牲的な愛と奉仕は、その子の性格とはまったく反対の方向に向かっていました。あれほど愛されていたように見えながら、この子の心はいつも、ひとりぼっちでした。母犬のいない捨てられた仔犬のように。

そしてある日、この子は自分をあきらめてしまったのです。母親の望んでいるような強い子になったのです。そして、無意識の中に押しこまれて、満たされることのなかったこの子の淋しさと愛情深い性格は、もう、まわりの人に向けられることはなくなりました。

「お母さんも誰もわかってくれない。もう人なんて信用できない」

きっと、どこかでそんなことを思ったことでしょう。この子にとって、人の心よりも、もののほうがずっと確実なものに思えました。そして表向きは、勉強も、ピアノのお稽古もする良い子でありながら、ときどき夢遊病者のように、ふらふらとものを盗ってしまうのです。

こういう子どもの心を、もう一度とり戻すことは容易ではありません。小さいときから裏切られ続けたこの子のほんとうの心が、もう一度人間に向かって素直に開かれるまでには、大きな愛情を持ち、ほんとうにこの子のことがわかる人が相手になっても、何年もかかることでしょう。場合によっては、永久に閉じられたままになってしまうかもしれません。


この場合とは反対に、内向的な父親のもとに育った外向的な男の子の例を、ウィックス夫人はあげています。

まず第一に、父親は内向的な性格だったのですが、家族のためにその内向性を犠牲にしなければならず、ほんとうに生き甲斐を感じることができる静かな自分一人の時間は、ますます現実の生活のために奪い取られてしまいました。そういう状況に直面して、父親はなんとか自分を守るために考えなければならなかったのですが、彼はそうしないで、自分は犠牲になって、子どもたちに自分のできなかったことをさせてやろうと考えました。かつて若いころ、小さな学究的な大学で静かなときを過していたことが思い出され、あのころだけがほんとうに充実した毎日だったと思うようになりました。

そこで、男の子が生れるとすぐに、この子の将来の生活の設計を考えました。この子には哲学的な思索を十分にやれるような、古典的な教育を受けさせなければならない。ゆっくり時間をとって、落着いて静かにものを考えるような機会をたくさん与えてやらなければならない。ところが、こんなにいろいろ考えたのにもかかわらず、残念なことに、この男の子は、もっと一般的な科学実験などにだけ興味を示す、はしゃぎまわることの好きな外向的な子どもでした。

子どもの心のつまずきは早くやってきました。その子には、父親が彼のために一番いいと思っていることが、ちっともわからなかったのです。大学に入るころになると、彼のひそかな反抗は、表にはっきりとあらわれてきました。その子は技術的な工学がやりたかったのですが、父親は、実験道具なんかは旧式で揃っていないけれども、古典的な人文学部が優秀なので知られている大学に入れたがりました。

この争いは結局、父親が勝って、子どもは反逆の精神を心に抱いて、父親への腹いせにも、自分の望みは最後まで通してやると心に誓って家をでて、大学のある町に行きました。彼が家を離れてやったことは、若気のいたりの道楽三昧で、救い難い評価と落第点。いろいろと人手を借りて勉強をみてもらっても、卒業できるかどうかわからないという状態になりました。父親が選んで開いてくれた道を、彼は拒絶したのです。そして最後にやっと、工業大学に再入学する許可がでました。そこの四年の課程を彼は三年で終え、優秀な成績で卒業しました。

しかし、この場合の最悪の問題は解消することができませんでした。父親への敵意と、自分の道を押し通そうとする決意、権威への反逆、父親が悪くて自分は正しいということを証明した自己満足からくるうぬぼれと自己膨張的な考えは、まわりにいる人を踏みつけにする、横柄で攻撃的な性格を作りあげました。そして、人文系の大学にいたころの悪い習慣が残って、もともとは明るく開放的で誰にでも好かれるような性格がすっかり変わってしまい、価値のある個性的な彼の人生は、まったく損なわれてしまいました。

これは一人の人間の問題だけではありません。歪められた性格の男性と結婚した妻は、必要もなく苦しめられ、その影響は彼らの子どもたちに、そしてまたその子どもたちに、と永久に続くのです。だから、誰かが気がついて、その被害をどこかでくいとめなければ、人類の未来は一つも明るくならないでしょう。

一人の人間が持って生れた傾向は、小さな子どもたちを観察しているとよくわかります。

「センセーイ、ヘビができたよ。グルグルととぐろ巻いているんだぞ」

幼稚園で、初めて粘土を手にした子どもたちは大騒ぎです。

「K君、それはちょっとこうやって、真中をへこますと、お皿になるよ」

「アッ、ほんとうだ。うちに持って帰ってママに見せるんだ」

これは明るく、元気で、外向的なK君です。部屋の隅のほうに一人で陣どって、Y子ちゃんが、粘土をこねまわしてがんばっています。なにを作りたいのか、なかなかうまくいかないようです。そこで先生が近づいて、話しかけます。

「なにを作るの」

Y子ちゃんは返事もしないで、粘土をこねまわしています。

「ちょっと貸してごらん。ほら、こうするとヘビになるのよ。それから、お皿もできるでしょう」

Y子ちゃんは、上目使いでちらっと先生を見ましたが、もう、それきり粘土にはさわりません。Y子ちゃんには、なにか作りたいものがあったのです。それを先生がめちゃめちゃにしてしまったのです。だからもう、そんなものは見たくもさわりたくもない。

外向的な子どもは、誰かに手伝ってもらったりしてうまくできると、とても喜びますが、内向的な子どもは、他人が作品にさわっただけでも、もう、自分のものではなくなったような気がして悲しみます。内向的な子どもにとって、形の良さよりも、自分のものを表現することが、なによりも大事なことなのです。

子どもが育ち盛りのときには、その子どもの素質をよく理解して、それを素直に発展させるように心がけなければなりません。ときには、極端になって、バランスが崩れそうに見えることがありますが、それが子どもの自由な考えのもとに生れてきたものならば、放っておいても、知らない間に元に戻っています。まわりから、いろいろ教えたり、矯正しようとしたりするよりも、子どもの気持をわかってやって、じっと見ているほうがよいのです。子どもがなにを考えているのかさっぱりわからなかったら、おもしろいことをするなあ、と興味を持って見ているだけでも、子どもには大きな励みになります。

外向的態度の子どもも内向的態度の子どもも、もっと後になってから、無意識の中に埋もれたままの反対の傾向を少しずつ知るようになり、さらに広い大きな性格に成長しますが、小さいうちにそれをまわりから無理に矯正することは、ひじょうに危険です。

四つのタイプ――思考・感情・感覚・直観

子どもたちをよく見ていると、同じ外向、または内向的態度の子どもの間にも、いろいろと違いがあることがわかります。ユングは人間の心理的なはたらきを、思考、感情、感覚、直観の四つに分けて考えました。これらの心のはたらきは、すべて、どんな人にも多かれ少なかれ見られるものですが、そのうち一つか二つが生れつき強い人が多く、しだいにその人の固有な性格を形作るようになります。

子どもがどんな心のはたらきを得意としているかがわかれば、その特徴を生かしながら、弱点をうまく育てる助けをすることもできます。これらの四つの心のはたらきは、ほんとうは、誰にでもそなわっているものなのですが、生れつきの素質や環境によって、自分の得意とするものだけを多く使うことになるので、その部分だけが発達し、後のものは無意識の世界に埋もれたままでいることが多いのです。その子どもの特徴をのばしてやることは、もちろん良いことですが、ときどき、その蔭になった他の未発達の心のはたらきがブレーキになって、もっと大きくなってから、いろいろ問題が起きることがあります。

たとえば、人はものを選んだり行動をきめたりするときに、頭で冷静に考えて判断するときと、好きとか嫌いという感情で判断してきめるときがあります。一般に、男の子は頭で考えることが得意だし、女の子は好き嫌いできめることが多いようですが、この場合男の子は思考タイプ、女の子は感情タイプと言えるでしょう。人は頭で冷静に考えながら、同時に感情の好き嫌いを思い浮かべることはできません。この思考と感情という二つの心のはたらきは、それぞれ理屈のあるものなのですが、正反対なのです。この場合、感情というのは、イライラしたりカッとなったりする情動的なものではなくて、はっきり、自分でわかっている好きだったり嫌いだったりする気持のことです。

それから、よくものを見たり、さわったりして選ぶ人と、パッと心にひらめいた感じで選ぶ人とあります。前者が感覚タイプで、後者が直観タイプなのです。よくものを見たりさわったりしないと気がすまない人は、なんとなく全体の感じをつかんでパッときめてしまう直観的な心のはたらきは苦手ですが、その反対に、ろくにものを確認しないで心のひらめきだけでものごとをきめる人は、一つ一つの部分に細かく注意することができません。だから、この二つの心のはたらきも正反対なものです。

感覚的に見たりさわったり心にパッとひらめいたりする心のはたらきは、とくに理屈も筋みちもありません。そこでユングは、この感覚と直観の心理機能を非合理的機能と呼び、これに対して思考と感情を合理的機能としました。そして、これにそれぞれ、外向的な態度と内向的な態度を加えて、人間はだいたい八つのタイプに分けられるものと考えました。

各タイプの相違

こうした性格的特徴は、三歳ぐらいには、相当はっきりすると言われています。たとえば、ある三歳になる男の子が、とてもこわがりで弱虫だということで、お母さんが心配して相談にこられましたが、彼は、実は内向的感覚タイプなのです。だから、実際にさわったり、見たりすることにはそんなに興味を示さないのですが、心の中に、いろいろなイメージを持っているのです。それで、暗い応接室をのぞいたりすると、カバーがかかっている大きなソファーが象に見えたり、ひじかけ椅子が河馬に見えたりすることもあるのです。彼はほんとうはこわがりではなくて、心の中のイメージと、いろいろ遊んでいるのです。ものごとに注意深く、いつも夢を見ているような内向的な性格が、お母さんには、男の子のくせに弱虫のような印象を与えていたのです。

ものわかりのよい思考タイプの子は、親にも、幼稚園や小学校の先生方にも、期待されます。しかし、ただ、もの覚えがいいというだけでは、思考タイプとは言えません。小さいときに言葉を早く覚えたり、テレビのコマーシャル・ソングをすぐに真似したりできる子どもは、思考タイプであると思われて、将来、よい大学に行って出世するに違いないと、親は喜ぶものですが、こういう才能は、ほんとうの思考とは関係ありません。

思考は、構成力、判断力、合理性、発表力などにかかわっていますが、反応の遅さやためらいは、思考力が弱いのではなくて、反対に本当の考え深さを示していることもあります。外向的思考タイプの子どもは、比較的反応が早く、現実的で客観性があって、他の人の論理的な考えもよく受け入れ、問題に素早く答えることができますが、内向的思考タイプの子どもは、集中力があり、一つ考えをじっと自分の心の中に引き入れて、長く考えるので、一見、なにも考えていないように見えることがあります。どうかすると、無意識の世界の不思議な考えが加わって、まったく筋違いのおかしなことを言うこともあります。

そういうわけで、一見、頭が良く思える子どもが、かならずしも思考タイプではないし、のろまで、おかしなことを言う子どもが思考タイプであるかもしれません。また、素早く綜合的な判断をくだす直観的な子どもは、よく思考が発達していると思われがちですが、その判断は鋭いけれども、構成的に積みあげたものではなく、確実性に欠けるときがあります。ものごとをよく観察する感覚タイプの子どもも、思考が強いわけではありません。

思考が強い子どもは、両親や先生の期待をにないすぎて、その重さでつぶれてしまうこともあります。相談を受けて二度ほど逢った、あるアメリカの青年は、頭が良すぎて一生を間違えてしまった一つの例だと思います。

彼はいわゆる神童で、二、三歳のころからすばらしい思考的天才を発揮して、まわりのものを狂喜させました。親は家庭教師を次々に変えて、彼の思考に磨きをかけました。そして十五歳で世界でも有名なＭＩＴ（マサチューセッツ工科大学）の入学を許されたのです。いずれはアインシュタインのような大学者になるであろうと、両親の喜びも一通りではなく、彼を大学に送りだしました。しかし、結果は悲惨で、二年もしないうちに、彼は性格異常者として、両親の所に送り返されてきました。

そのころ彼の両親はたまたま日本に仕事で来ていたので、私が相談を受けることになったのですが、最初は相談などとても受けつけるどころではないというので、やむを得ず私のほうから彼が出入りしているというバーに逢いに行きました。一見してぎごちなく、機械的な動作をするうつろな目つきをしたこの青年を前にして、私は暗澹たる気分になりました。かたわらにいる女性の髪をかきむしりながら、この青年はほとんどものを言いませんでした。バーテンの話では、

「こいつはもうダメですよ。三日にあげず女を変えてねえ。でも金は持っているからね。どうして、

「こんなに親が金を持たせるのかね」

と言うことでした。両親が言うには、家に閉じこめておくと狂暴になるけれど、お金を持たせて外に出してやればおとなしいのだそうです。それを話してくれた両親の顔にも、一人息子にすべての夢をかけ、わけもわからずにこんなことになってしまったという、あきらめきったすさんだ感じが見受けられました。

この青年は、おそらくすべてのエネルギーを思考力に集中させられた結果、心の中のその他のはたらきは、まったく抑圧されて、二、三歳の幼児のころのままで、一つも成長しなかったのではないかと思います。感情もなにもなしに、ただ、女性の体だけを求めるこの青年の毎日に、私のほうが悲しい思いをしました。

そのときはほとんど言葉も交わしませんでしたが、この青年は、どうした風の吹きまわしか、その後一週間ほどして、私の教えた住所を覚えていて、フラッとたずねてきました。二度目も、ほとんど話らしい話はしなかったのですが、自分から私のところに来たというだけで、少しは希望があるかもしれないとも思いました。しかし、その直後に両親と共にアメリカに帰ることになり、私はアメリカの知人の分析家を紹介しただけで、この青年とは縁が切れてしまいました。

これほど極端な例ではなくても、なまじ小さいときに、頭が良く見えただけに、厳しい進学コースに追いやられ、自分でも知的にすぐれているという優越感から、ほんとうの人間の価値観を失ってしまう子どもが多いような気がします。また、ウィックス夫人は、これとは反対に、本来、思考的な子どもにまわりの人が感情的なものを期待しすぎて失敗することもあると述べています。

私たちは、誰でも感情的な温かさを感じることができると思いがちですが、感覚タイプや直観タイプ、とくに思考タイプの子どもにとって、感情を上手にコントロールすることは、そんなに簡単ではないのです。ややこしいことを考えるのが苦手の人がいるように、純粋に思考タイプの子どもにとっては、冷静な判断を無視して、感情でものごとをきめることなど、信じられないことなのです。

ある内向的な思考タイプの女の子は、いつも他の子どもたちから離れて、一人ぼっちで遊び、お母さんにもあまり甘える様子がありませんでした。母親はこの子が他の子どもたちとあまりにも違って見えたので、心理学者の助言を受けて、なんとかこの子の感情の表現を豊かにしなければならないと思いました。しかし困ったことに、母親が考えていたのは、ほんとうの意味の感情の表現ではなくて、お行儀よく、社会に上手に適応することでした。

外向的感情タイプの子どもは、たしかに、ひじょうに上手に社会に適応します。まわりのおとなたちのしていることをすぐに真似て、お客さまの前で、ちゃんと挨拶をしたり、その場にそぐわないようなことは一つもしないおしゃまさんです。これは内向的思考タイプの子どもには、とても真似できないことです。しかし、ほんとうの感情は、ただ社会的適応の問題だけではありません。人と人とのかかわりの間で、情愛的なものをしみじみと感じることです。それを一つの価値として、大事にすることなのです。

この子はお母さんのやさしい愛情の表現をしだいに感じることができるようになり、お母さんになにかプレゼントしようと思いつきました。そしてもらったお金で、おもちゃを買うかわりにお母さんが欲しいと言っていたものを買いました。しかし帰り道で公園によって遊んだので、服がよごれ、髪もぼさぼさになってしまいました。それから家へ帰ってみると、母親は来客と話をしている最中でした。彼女は部屋にかけこむと、まっすぐ母親のところへ飛んでいって、いきなりプレゼントをお母さんの膝の上に投げて、

「これ、やるよ」

と叫んだのです。母親は、よれよれの服や、あまりにもぶっきらぼうな子どもの動作にかっとなって、声を荒らげて、応接間から彼女を追いだしてしまいました。

後で母親が、かわいそうなことをしたと思って、プレゼントの礼がてらに子どもの部屋に行った

ときには、傷ついて自分の中に閉じこもってしまった彼女は、お母さんのやさしい慰めにも、もう耳をかたむけようとはしませんでした。この小さい女の子は、また、自分の部屋に閉じこもって、本ばかりに顔を埋め、せっかく育ちだした感情を、すっかり引っこめてしまいました。

自分の感情をごく自然に表現できる子どもは、そんなに多くはありません。他のタイプの子どもたちが感情を表現しようとすると、どこか間が悪く、ぎごちない感じを与えます。とくに思考タイプの子どもは、感情の表現が下手で、まったく感じなかったり、ときには極端な表現になってしまいます。感情が激しやすい子どもは、感情が強いのではなくて、むしろ弱いから、自分でコントロールできない子どもなのです。ほんとうの感情タイプの子どもは、なんとなくやさしい子で、どこに感情があるのか、まわりの人が気がつかないほど、感情の流れが自然です。

こういう子どもは、家の中の誰にも、あたり前のように気を配って、家庭ではほんとうに良い子です。しかし、考えることはあまり得意ではないので、学校では、いつも先生方に好まれるとはかぎりません。頭で考えるとすぐにイライラしてきて、日ごろやさしく素直な子どもが、逆に激情の大爆発をおこしてしまうこともあります。しかし、思考的な子どもから、いきなり感情的なものを引きだそうとしてもうまくいかないように、感情的な子どもの思考のはたらきを育てることは、容易ではありません。それには、いきなり正反対のものを無理に引きだそうとするよりも、その他の、感覚や直観のはたらきを少しずつ育てて、最後に、反対の心のはたらきも育てるようにしなければなりません。

たとえば、せっかくお母さんに贈物をしようとしてうまくできなかった思考タイプの子どもの場合に、いきなり感情だけを問題にしないで、美しいものや、気持の良いものに反応する感覚のはたらきや、その場の雰囲気をパッと感じられるような直観のはたらきを育てる努力をしていたら、応接間に入る前に、もっときちんと服装をととのえるように自分で工夫したでしょうし、応接間にいきなりかけこむようなこともしなかったでしょう。

感覚のはたらきが発達している子どもは、美しいものや、心地良いものに敏感です。とくに外向的な子どもは、まだ赤ちゃんのベッドに寝かされているころから、ちょっとシーツが変わっただけでもすぐにわかるような、肌ざわりや感触に鋭いものを持っています。そして、少し大きくなると、おしゃれで、食物の味などもすぐに見分ける、なかなかうるさい子どもになります。

「この子、子どものくせに嫌になっちゃうわ。ちょっとでも味が変わると、もうすぐにわかるのよ。ほんとに生意気ね」

とあるお母さんが嘆いていましたが、これが感覚タイプの特徴です。お母さんのお化粧をするところをじっと見ていて、後でこっそり、口紅を塗りたくって、いたずらをし、そのまますましてみんなの前にあらわれるのも、感覚的な子どもです。観察することや、真似ることが大好き、食物の味や、着るものの肌ざわりを気にします。内向的感覚タイプの子どもは、外からの刺激はあまり気にしませんが、心の中にいろいろなイメージを持っていて、絵本などにも注文が多く、自分のイメージに合わないものは、見向きもしません。

最後に、直観タイプの子どもは、アイディアがたくさんあって、おもしろい子どもです。外向的直観タイプは、ものわかりがよくて、楽しく、いろんなことを考えだして、創意工夫に富んでいますが、考えていることが次から次へと飛躍して、あまり現実的ではありません。新しいことにすぐ飛びつきますが、あきっぽくて、一つことを終わりまでやらないうちに、もう次の考えに移っていきます。

着想のおもしろいところ、間のとり方のうまいところ、そして、カンの鋭さが、直観タイプの子どもの身上です。でも、こういう子どもを、もう少し落着かせようと相手をするものは、ずいぶん辛抱がいります。そして、内向的直観タイプの子どもは、外から見て、もっとも理解しにくい子どもたちかもしれません。心の中に、さまざまなイメージや情況が浮かんでは消え、浮かんでは消えているのです。たまにすばらしい考えを目にしたりしますが、相手がびっくりしてもう一度聞き返すころには、彼の考えはもう別のところに飛んでいます。

「えっ、そんなこと言ったっけ」

彼は自分の考えたことを、一瞬後には、もう思いだせないときさえあります。

彼らは夢見る子どもたちです。だから、幼稚園で先生が教えてくれるもっと具体的な知識には、ちっとも興味を示しません。それより心の中の空想を追っているほうがずっと楽しいのです。食事の最中に、機械的になにかを食べてはいますが、味なんか一つもわからないように、空中を見つめて、考えごとをしているときがあります。

直観的な子どもに感覚のはたらきを教えたり、その反対に、感覚的な子どもに直観のはたらきもあることを気づかせるためには、その他の心の要因である、思考とか、感情のはたらきを、まず開拓しなければなりません。たとえば、直観的な子どもには、もっと順を追って、ゆっくり考えることを教え、さらに他人と心を通わせる感情的なことに時間を使うのも意味があるということがわかったあとで、やっと感覚が発達します。

子どもたちは、こういうように、さまざまな心理的特徴を持っています。もちろん、どんな子どもでも、一つの心のはたらきだけを極端に発達させてしまうことは珍らしく、いくつかの要因が重なって、その子の固有の性格を形作っています。しかし、よく観察していると、そのうちのどれかが他よりも強いことがわかります。

子どもの場合に一番大切なことは、まず、その子どもの特徴をよく知って、それを大事に育てることです。それから、その子どもの弱点を考えて、そろそろと、用心深く、他の心のはたらきもあることを、気づかせるようにすることです。

子どもたちは、こうして見ていると、いろいろな性格に分かれていて、ほんとうに楽しい存在です。子どもを愛し、子どもと一つ世界をわかち合うことは、すばらしいことですが、子どもたちに間違った影響を与えないためにも、ある程度、子どもを客観的に見ることも必要です。

第三章　想像上のお友だち

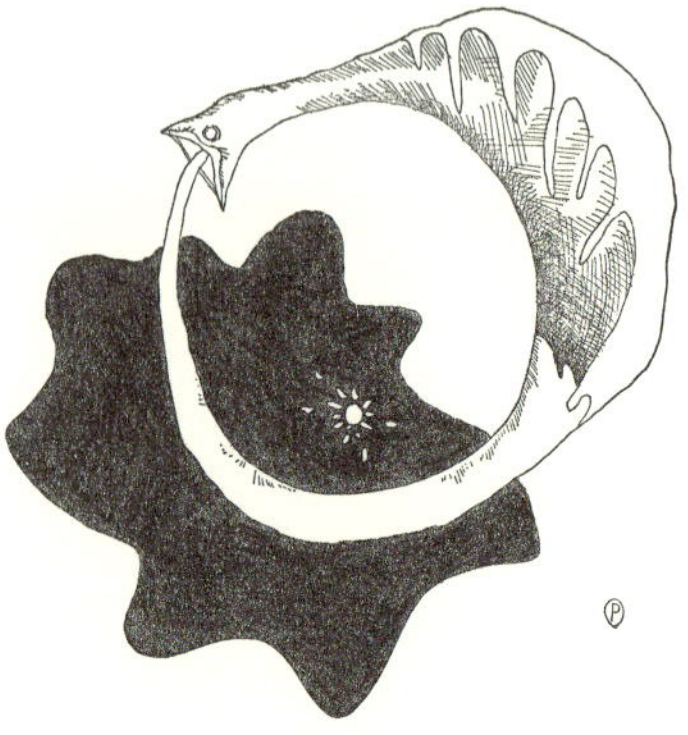

自分との語らい

H君は赤ちゃんのときに、離れに一人でそっと寝かされ、お母さんは、その部屋に入るにも手を消毒するくらい神経質になって、気を使いました。H君にはお姉さんがいたのですが、おばあちゃんがかわいがって、いつも抱いたり、あやしたりして甘やかしたので、お母さんは、今度はH君を誰にもふれさせまいと、考えたのです。

そんなわけで、H君は赤ちゃんのときは、お母さんの他にはほとんど誰とも言葉をかわさずに、大事に、静かに育てられました。さて、幼稚園に入るころになって、突然お母さんは気がついたのですが、H君はまだ、ほとんど言葉を知らなかったのです。そこでお母さんは、いそいでH君に自分の名前の書き方や、簡単な会話を教えようとしました。ところが、字は比較的早く覚えたのですが、なかなか他の人とお話ができません。

お母さんが、

「これはなあに」

と聞くと、H君も、

「これはなあに」

とおうむ返しに答えてしまうのです。そのうえ言葉に抑揚がついて、余計なものが入ります。「たべる」は「たべりんこん」、「ジャム」は「ムジャムジャム」、「パン」は「ンパムパッパ」です。それでも、暗号のようなもので、お母さんと二人だけならなんとか意味が通じますが、幼稚園に行くにはちょっと困ります。しかしお母さんがいろいろと頼んで、やっと近所の幼稚園に入れてもらうことになりました。

ところが、今度、困るのは幼稚園の先生の番でした。ともかく、H君はひとつも、ちゃんと椅子にお坐りをしていないのです。すぐに立ち上って、あっちによたよた、こっちによたよたしながら、外に飛びだしてしまいます。校庭の隅にしゃがんでいるのをやっと見つけだして連れて帰ると、しばらくは、くにゃくにゃと背骨がないみたいに椅子に坐っていますが、また、ふっといなくなって、今度はお手洗いの隅にいたりします。それを無理に連れ戻すと、床にひっくり返って大暴れ、やっとなだめて席に戻すと、次は、隣りの子どもが持っていた消ゴムを、パッと口に入れてしまいます。

あまり手がかかるので、しばらくの間は、お母さんがつききりでH君の面倒を見ていたのですが、ちっともしっかりする様子がありませんでした。そこで、先生も決心して、お母さんには帰ってもらい、H君からは目を離さないように、気を配ることにしました。しかし、外にみんなでお散歩に行くときなどすぐに車道に飛びだすので、いつも先生がしっかりと手をつないでいなければなりません。先生は、まったくH君をもてあまして、やはり無理だから、と登園を断わろうと考えました。

そのころ、私は幼稚園児の絵に興味を持って、先生方からよく子どもたちの絵を見せてもらったことがあるのですが、その中で、H君の絵には、いろいろとおもしろい表現があるのに気がつきました。たとえば、大きな手を拡げて、三角の目をしたお母さんが、しっかり描かれているかと思うと、その次は、小さいねずみ色の丸があって、うすい水色で見えないような目が描いてあり、それがお父さんだと言うのです。それから、海のようなところに、左側には島のようなものが描かれ、右側には大きな手を拡げたお母さんが、溺れているような絵もありました。先生方も、H君の絵をおもしろがって、もっとずっとH君に注意を払うようになり、そのまま面倒を見ることになりました。

H君には、どこか赤ちゃんのままのようなところがあって、とてもかわいいのです。うろうろと歩きまわるH君を膝に乗せて、先生がお話を続けると、クラスの他の子どもたちもH君をかわいがって、よくいっしょに遊んでくれるようになりました。H君はだんだんしっかりしてきて、とくに絵を上手に描くようになりました。

お面のようないろいろの人の顔の絵、それから、最初はなんだかよくわからなかった形が、そのうちに発展して、画面一杯にしっかりした筆つきで描かれたお正月の獅子舞の絵があらわれました。こわいお獅子のお面の下には人が隠れています。そのころ印象的だった絵は、電燈がピカピカ光っている上に夜空があり、大きな月が描いてありましたが、そのお月さまの横に、なんだか小さな虫のようなねずみ色のものがあるのです。先生が聞いてみたら、なんと、それはお日さまだということでした。

そのうちに、H君の絵には、海を走る大きなお船がでてきて、空にはヘリコプターが飛び、海の中にはタコやら、カニやら、その他いろんなものが、浮いていました。幼稚園の一年目が終わるころに、H君が描いた傑作は、火山の大爆発の絵でした。山の中腹には四角の中に丸いものがあり、そこから二本の線が下に引かれ、そのまま画面の右のほうに続いています。これは、水道の蛇口で、水が流れているところなんだそうです。つまり、H君は山から流れる滝を描いたのです。

こうして二年目に入ったときに、H君の傍にあらわれたのが、想像上のお友だちです。そのお友だちは「おいそが氏」と言いました。そのときは幼稚園の先生方も私も気がつかなかったのですが、実は、「おいそが氏」というのは藤子不二雄氏の描く漫画の『どらえもん』に出てくる人物でした。

どうやら、まだ字もろくに読めないのに、『どらえもん』は、H君の愛読書だったようです。子どもたちがどんな本が好きかを知ることは、先生方にとってよい参考になります。その本の持っている雰囲気を感じたり、ストーリーを知ったりすることは、子どもの心の中の動きを知る糸口になることがよくあります。しかし、このときはお母さんも、そんなことに意味があるとは考えておられなかったし、私たちも、そこまで聞いてみるほど頭がまわりませんでした。そういう意味からも、子どもとつきあう人たちには、是非、子どもたちの読む漫画や絵本には、目を通していただきたいと思います。

それはともかくとして、「おいそが氏」はいつもH君といっしょにいました。最初、先生はH君がなにを言っているのだかよくわからなかったのですが、H君は、おいそが氏がいないとなにもしないのです。そこで先生が、

「H君、ほら、おいそが氏も靴箱にちゃんとお靴を入れているよ」

と言いながら横のほうを見ると、H君もそっちを眺めながら、言われた通りにするのです。

そこで先生は味をしめて、しばらくの間は、なんでも、おいそが氏の手を借りました。

「おいそが氏は、おててを洗っているかなあ」

「あっ、H君、どこに行くの、おいそが氏は机の前で、先生のお話を聞いていますよ」

そうすると、H君は、まるでそこにほんとうに人がいるように、想像上のお友だちをしげしげと眺めて、それから、そのお友だちの真似をするように、先生に言われたことをするのです。

子どもたちは、さまざまな想像上のお友だちを持っています。それは、童話や絵本にでてくる主人公のこともあるし、まったく自分自身の創作の場合もあります。窓から夜空の星を眺めて、もしかしたらピーター・パンが迎えに来てくれるかもしれないと思い、それから先の冒険を、一人であれこれと考えることもあります。毎朝、お庭の花に笑いかけて、心の中で「おはよう」と挨拶をしたり、そのまま花と話し続けることもあります。


H君の場合のように、こんなにはっきりと形をとってあらわれてくることは珍しいのですが、想像上のお友だちは、母親と一体のウロボロスの世界から独立し、自分を作りあげるためには、なくてはならない存在です。ここでH君の絵を通して、小さい子どもが母親から独立し、一人前になって行く道を、もう一度、考えてみたいと思います。H君はおそらく、あまりにも静かに寝かされていたことや、お母さんとおばあさんの心理的葛藤の間で、もっと早く生れるはずの自分という小さな芽がなかなか育たなかったようです。しかし、これはお母さんやおばあさんのせいばかりではなく、一人で放っておかれても、あまり泣くこともなかったH君の持って生れた素質にもよると思います。赤ちゃんがおとなしい、それで、お母さんも他のものも手がかからないと思って安心して放っておく、そして三歳ころになって、やっと、どこかおかしいのではないか、と気がつくことが多いのです。

H君は言葉や情緒性の発達が少し遅れていましたが、とてもかわいくて、おもしろい子どもでした。そして、幼稚園に入ってから急速に、自分というものが生れて、しっかりと育ちました。最初はフニャフニャした線や丸しか描けなかったのに、急に上手になって、自分の成長する情景を絵に描きあらわすことができました。あるいは、絵を描くことによって、自分を育てたと言ってもいいかもしれません。H君はきっと内向的感覚タイプの子どもであったのでしょう。

最初にしっかりと描いたのはお母さんの絵で、大きな手を拡げていました。H君には大事なお母さんですが、ほんとうはもう一人で独立して、自分の好きなことをしたいのです。そんなH君の目には、お母さんが、手を拡げて通せんぼしているように思えたかもしれません。それから、丸いねずみ色の円だけで、体も手足もないお父さんの絵を描きましたが、これはお父さんであると同時に、まだお母さんの傍にくっついている影のうすいH君自身の絵でもあるようです。

それからしばらくは自動車の絵が続いた後で、海から島が生れ、お母さんが悲しい顔をして溺れているような絵になりました。自動車は読んで字のごとく、自分で動く車です。子どもは自分で運転して、どこにでも行くことができる自動車が大好きです。ミニ・カーの大流行は、子どもの自立心を示しています。そして、無意識の大海から、なにかもくもくと島のようなものがでてきて、反対に手を拡げたお母さんは、海の中に沈んで行くようです。H君を守り、育ててきたお母さんのイメージは、今では少し邪魔になってきたので、無意識の海の中に戻してしまおうという考えです。

その後、とんぼとりや運動会の絵が続いた後で、お正月を過ぎてから、H君の絵は急にしっかりしてきました。年が明けて最初に描いた絵は、なんだかちっともわからなくて、冬休みの間にH君は、またなんだかよくわからない子どもに戻ってしまったのかとみんなで心配しましたが、その次は、お猿さんや、ロボットのような顔をしたお面の絵でした。そしてその次に、画面一杯に描かれたすばらしいお獅子の絵になりました。それを見て、私たちはやっと、お正月にH君が描いたわからないものの一つは、獅子舞いのお獅子だったことがわかりました。その絵はまるでピカソが描いたような傑作で、獅子がこわい顔をしてこっちを見ていますが、その下から、ちゃんと人間の足が四本でているのです。

ユングは、人が社会との摩擦を避けて、自分を守るためにとる心構えや態度を、仮面を意味するペルソナと呼びました。世の中には世間体や肩書をあまり気にしすぎて、ペルソナだけになり、自分自身を忘れている人がいます。それも困ったものですが、ペルソナは人とつき合うときに大事なもので、まったくペルソナなしでは、裸で表を歩いているようなもので、傷つくことばかり多く、人間は生きていられません。H君の仮面や獅子舞いの絵は、やっと生れたばかりのH君の自分という意識を守るペルソナのようにも思えます。お獅子の面のうしろで、恐い顔をして人をおどかしながら、ほんとうは笑っているH君の顔が見えるようです。

それから、無意識の大海に浮かぶいろいろなもの、タコやカニは恐ろしい危険な存在で、よく、子どもの成長をとめてしまう過保護の母親をあらわすと言われていますが、この場合はとても楽しく描かれていて、むしろ、無意識の世界からH君の成長を励ます母親の力ともいえそうです。それから、火山の大爆発と山から流れだす滝によって問題が解消し、すばらしいエネルギーが生れたことをH君は表現していたように思います。そうして、無意識の中から、のんびりしているH君の気を引き立て、なんでも先にやってみせるおいそが氏があらわれたのです。

女の子はよく、想像上のお友だちのイメージをお人形の上に投げかけて、一人二役を演じながら遊びます。いたずらをしてお母さんにしかられたりすると、彼女はさっそくお人形のところに行って、

「また、おいたをしたのね。だめでしょう。今度したら、もうしょうちしませんよ。めっ、めっ」

などと言って、お母さんそっくりにお人形をしかったりします。あるいは、彼女は悪い子でも、お人形は良い子で、

「マリーちゃんは、あんな悪いことはしないのよね。いつも良い子だね。はい、ちゃんとお坐りしましょう」

などと、自分の反対の役割を持たせて、お人形とお話をしています。

ときには二つのお人形を使って、一つは理想のお姫さま、もう一つはいつもいたずらをする困った子にして遊ぶこともあります。

S子ちゃんは、たくさんのお人形やぬいぐるみの動物を並べて、学校ごっこをするのが大好きですが、お気に入りのママー人形はいつも良い子で、みんなに褒められます。しかし、同じぐらいの大きさの黒い犬のぬいぐるみは、失敗ばかりしていて、だめな子で、しかられたり、ぶたれたりします。しかし、ときにはママー人形が、ちょっとした悪いことをして厳しくしかられ、黒いワンちゃんが抱きあげられて、ほほずりをされ、大事に取り扱われることもあります。

S子ちゃんはこうやって、自分でも思うようにならない育ち盛りの、溢れでる情緒性のはけ口を見出し、良いことや悪いことの区別を知り、お母さんや先生、子どもや生徒などの、社会の役割を

覚えていくのです。

男の子の場合は、もっと積極的なチャンバラや、戦争ごっこが、同じような意味を持っています。そして、少し内向的な子どもは、お友だちとは戦争ごっこをやらないでも、一人で部屋に閉じこもって、兵隊のおもちゃを並べたりして遊びます。他のお友だちと遊ぶときと同じように、一人でおもちゃを両軍に分けて、敵になったり味方になったりしながら、

「バビューン、バビューン」

と弾丸の飛ぶ音を口真似して、夢中になって遊びます。

あるお母さんは、子どもが一人で戦争ごっこばかりしていて、あれでは将来、気の荒い意地悪な子どもになりはしないか、と心配していられましたが、そんなことはありません。男の子は、もっとチャンバラや戦争ごっこをやって欲しいものです。それは、自分が敵になったり味方になったりして、社会での役割を覚えるためにも必要なことですが、子どもたちは心の中の仮想の敵を想像して、それと戦いながら、自分の性格のバランスをとり、成長するのです。

子どものいたずらも、そういう意味からは大事な成長の力です。それは、一応安定した自分の殻を破って、さらに大きく成長するときのきっかけになります。子どもたちは、安定した世界を作り

あげては、またそれを破り、絶え間なく波のうねりのような運動を繰り返しながら、驚くような早さで成長しているのです。

想像上のお友だちは、実際のお友だちがたくさんできるようになると、知らない間に消えてなくなります。Ｈ君の場合、おいそが氏は、約四カ月ほどいつもＨ君といっしょにいましたが、そのうち、どこかに行ってしまいました。しかし、内向的な子どもの場合は、外からはわからなくても、心の中に、いつまでも大事に想像上のお友だちをかかえていることもありますし、これらのイメージは、無意識の世界に戻っても、また、なにかのときにあらわれることがよくあります。それは子どもたちが急速に成長するときに、崩れかかる心のバランスを取り戻す役目を果たす大事なお友だちなのです。

よく子どもたちは、人に見せないで大事にしまっている宝の箱を持っていることがあります。その中には、パチンコの玉やきれいな色をした輪ゴム、いつか海岸で拾った小石や貝、びろうどや毛皮の切れっぱし、などが入っています。ユングは子どものころ、フロックコートにシルクハットをかぶり、長靴をはいた二インチぐらいの小さな人形を定規の端で作って黒く塗り、布で上着を作ってやり、筆箱の中にベッドを作って寝かしてやっていたそうです。それから、長い楕円形のつるつるした黒っぽい石を、絵具で二色に塗り、いつもズボンのポケットに入れていたのですが、これはその人形の石で、やがて、その二つをおさめた筆箱を屋根裏の梁の上に隠した、と自伝に書いています。それは大事な秘密で、誰にも見つからなければ自分は安全だと思っていて、そして、なにか悪いことをしたときや感情が傷つけられたとき、淋しくなったときなどには、いつも屋根裏の梁の上の筆箱の中にあるこの人形と石のことを考えて慰められたということです。ときどき、こっそり屋根裏に上って、その人形と石を眺め、儀式ばった様子で、なにか秘密の言葉を書いた小さな巻紙を入れたりした覚えがあるそうです。

石をポケットに入れていた覚えは、私にもあります。それはこげ茶色の、卵型の手ごろな石で、その石を忘れて外出すると、いつもなんとなく落着かない気分になりました。それから、一匹の小さなミンクの皮を、よく知っているドイツ人のおじいさんの机の中で見つけて、それを大事にポケットに入れていたこともあります。そのミンクの皮は、ペン先をふくためのもので、皮の裏には、青や赤の三角にとがったペン先の跡がたくさんついていましたが、それがまた、とても気に入っていたのです。茶色の石は、あまり人には見られないように大事に隠していましたが、ミンクの皮のほうは、淋しがらないように、ときどきポケットからだしてなでてやったり、散歩するときには、端のほうをポケットからのぞかせて、外の景色を見せてやったりしたものでした。

子どもたちの想像上のお友だちのイメージは、まったく無形であることもあり、石や、木片や、丸いビー玉などの無機物に投影されることもあり、毛皮や、ぬいぐるみの動物や、人形の上に投げかけられることもあります。それは、子どもの無意識の世界の断片なのです。そして、ユングの場合のように、なによりも大事な、人に見られると取られてしまうような、生命の根源的なエネルギーを象徴している場合もあります。

未開人の中には、それぞれ自分の石を持っている人たちがいるということです。その石は、それぞれの人が生きるための霊的なマナという力を持っていて、それを失くしたり取られたりすると、死ぬかもしれないと恐れています。日本でも、御神木や霊験のある石が信じられていましたが、それは木や石が神なのではなくて、木や石はよりしろで、そこに霊がやどると思われていたからです。

子どもは、その子自身の持って生れた素質はあると言っても、ほんとうはあらゆる可能性も持っているのです。それに、生れつきのものでも、かならずしも、ただ一つの傾向だけを持っているわけではありません。外向的な子どもも、内向的なものも持ち合わせているし、思考タイプの子どもでも、他の心のはたらきも持っています。それに、両親やまわりの人たちの影響が加わって成長するのですが、子どもの心は、あるときは明るく、あるときは暗く、良い子であったり、思い子であったり、考え深かったり、やさしかったり、さまざまな形に分かれ、また一つになって育ちます。そして、あんまりバラバラになって自分でも収拾がつかなくなったようなときに、これらの石や人形や木片などが自分の心のよりどころとして、大きな意味を持ちます。それは子どもの生命であり、宝であって、とても大事なものです。

想像上のお友だちも、こうした役割を持っていて、漫画のどらえもんなどは、その典型的なイメージの一つですが、なんでもできる万能のポケットを持っていて、そこから空を飛ぶヘリトンボや、すべてが逆になるコベアベの笛などをとりだし、退屈なときの遊び相手や、困ったときのすけっとになります。

しかし、想像上のお友だちが、いつも、いい役割をするとはかぎりません。悲しかったり、傷ついたりしたときに慰めてくれる役割を越えて、子どもを甘やかすこともあります。ある子どもは、外で友だちと遊んでいて、ゲームに負けたり口論で言い負かされたりすると、すぐに家に帰って、絶対に自分が勝つことができる想像上のお友だちと遊びます。これが行きすぎると、普通の友だちとなかなか遊べなくなることもあります。なにをやっても最後までやり通す根気がなくて、すぐにあきてしまい、後は想像上のお友だちにまかせて、自分ではすっかりできた気になり、だんだん自分の想像上の能力と現実のなにもできない自分とが混同して、他の人から嘘つきだなどと言われる子になることもあります。そして、現実にぶつかって、自分の思うようにならないと、ますます想像の世界に逃げこんでしまいます。

Ｆ君は、すべて悪いことは、もう一人の想像上のお友だちのせいにしてしまいました。

「あれはボクがやったんじゃないよ。ボクのなかの悪い子がやったんだ。ほんとのボクは良い子だよね、ね」

お母さんは、悪いことがわかっているのだからいいと思って、それを許していました。しかし、だんだん、悪い子が出てくる回数が多くなりました。それでもＦ君は、自分はちっとも悪くないと言い張り、いつでもケロッとして、無邪気な良い子になってしまいます。そしてお母さんも、汚れを知らないようなかわいいＦ君の顔を見ると、しかる気にもなれないのです。しかし、Ｆ君はこうして、自分のもう一つの暗い面を、自分の中の他人のせいにしてしまい、悩むことも、反省することもやめてしまいました。そして、二つに分裂したＦ君の心は、ついに、下痢がなかなか直らないという身体的な症状にまで発展してしまいました。

想像上のお友だちは、実際に身体の不自由な子どもたちには大きな味方です。ハンディキャップを背負って、普通の子どもたちといっしょに飛びまわって遊べない子どもたちは、よくたくさんの想像上のお友だちを持っていることがあります。ある女の子は、赤ちゃんのときの病気が原因で軽く足をひきずるのですが、お母さんには、それがかわいそうで、どうしても過保護になりがちでした。その子はそのうちに、ちょっとおもしろくないことがあると、よけいに足をひきずってみせます。そうするとお母さんやまわりの人がなんでも許してくれるし、彼女の言うとおりにしてくれるのです。しかしこんなときに、彼女の想像上のお友だちができて、そんなことをしてはいけない、もっと強くならなければ、と彼女をいさめました。

一人っ子なのに親がちっともかまってくれなかったり、小さい時に片親を亡くしたり、あるいは、両親が忙しくて「鍵っ子」だったりする子どもたちも、よく想像上のお友だちを持っています。それはその子どもを指導してくれる父親がわりをしたり、なんでも相談に乗ってくれるやさしいお兄さんだったりします。また、ときには、それは年下で、かわいがってやらなければならない存在です。子どもは相手をかわいがることで、自分の淋しさを慰めるのです。

それから、H君の揚合のように、なにかの理由で発達が遅く、一定の年齢に達してから急速に成長を始めたときや、いわゆる情緒障害のある子どもたちの間にも、想像上のお友だちはよく見られます。心のバランスが失われがちなときに、自分ではあまり発達させていない、もう一つの心のはたらきがイメージとなってあらわれるのです。それはよく、その子どもと同じ名前を持った双子の兄弟や姉妹となってあらわれ、その子の弱点を、反対に、もっとも得意とすることが多いようです。

しかし、ごく普通の、なにも問題を持っていない子どもたちも、想像上のお友だちを持っている場合がよくあります。とくに内向的な感覚タイプや、直観タイプの子どもたちは、すばらしい想像上のお友だちを持ち、そのイメージは、その子どもの生涯の伴侶として、いつまでも心の中に住み続けることもあります。ウィックス夫人は、そういう子どものすばらしい想像上のお友だちの話を述べているので、ここにご紹介しようと思います。

真っ暗闇とキラキラ星

人間の魂は、ほんの小さい子どもの時代から、輝きを秘めた暗闇と、霊的な神秘の世界に住んでいます。その世界からも想像上のお友だちがやってくるかもしれません。その友だちは、明るい意識の完成に向かってどこまでも旅を続ける、育ち行く自我の良き仲間なのです。その仲間は、内的な心の奥の世界から生まれ、理解されるというよりも、むしろ体験されるものです。なぜかというと、理解は知的な心のはたらきですが、体験は、もっと大きな心の全部と、身体的なものも伴ったはたたらきで、未知のもの、そしてけっして全部は知り尽くすことのできない、永遠の知られざるものである人間の魂の経験だからです。

「ボクには友だちがいる、彼はキラキラ星のように小さくて、夜空の真っ暗闇のように大きいんだ」とある子どもが言いました。

この友だちが、いつ頃あらわれ始めたのかはわかりません。その子がそう言ったときには、もうそれは長いこと、彼の仲間でした。また、その子はどうやってこの仲間があらわれたのかは説明しなかったし、ウィックス夫人もたずねませんでした。なぜならば、こういうことはとても神聖な秘密だからです。それは、魂の霊的な実在ということを体験的に知っている人同士の間でないとわからないし、子どもは、それを話してもいい相手であるかどうかを、直観的に見分けます。そして、心と心が通い合い、霊的なものを共有することになって、この内的体験は強められ、ある人の内部にとどまるだけではなく、人間の意識の一部となるのです。

しかし、それを受け入れるには、言葉も、質問も無しでなければなりません。なぜならば、この体験は、その子ども自身のものであり、それ自体の生命を、子どもの心の中で生き続けなければならないからです。

静かな、お互いに心から通い合えるような雰囲気の中で、子どもは話し続けました。そして子ども自身も、その体験の中に入りこんでいて、それから先の言葉は、彼の自我と、彼の魂との間の対話のようであり、それに、ウィックス夫人だけが聞き手という名誉に与ったのでした。なにも質問されなかったことで、その子は自信を持って、どこか夢を見ているような、内省的な様子で、話を続けました。

「キラキラ星は、星よりも小さいんだ。だけど、ほんとうはそれも星の一つなんだよ。彼は、かがり火が燃えあがるときの小さな火花のようだ。でも、火花はすぐに消えるけれど、キラキラ星は、いつまでも残っている……。

それからね、真っ暗闇のほうは昼間だってやってくることができるんだよ。そうするとボクは、一所懸命にキラキラ星を見つけようとがんばらなくちゃならない。そして彼が真っ暗闇の真中に坐って、ピカピカ光っているのを見つけると、もう、やらなければならないことを、しっかりと自分の手にした気がして、安心するんだ。そして真っ暗闇も、ボクの友だちなんだなと思うんだ」

キラキラ星の光こそ、完成された人間の最終目標に向かう小さな種子ではないでしょうか、とウィックス夫人は述べています。古代ギリシャの哲学者ヘラクレイトスは、魂のことを「星の本質的な輝き」と呼んだし、ドイツの神秘家のマイスター・エックハルトは、その輝きを「生命の火花、魂の火花」と名づけました。彼はまた「それは神の本質そのものであり、もっとも高く、もっとも清く、精霊によって捕えられ、愛の炎で空の高みに運ばれるもの」と言っています。そして、私たち日本人は、西方の極楽浄土に住んでいられる阿弥陀さまが「不滅の生命、永遠の光」（無量寿仏、無量光仏）と呼ばれることを知っています。

この輝く火花の世界を、イギリスの詩人のキーツは「魂が造られる谷間」と呼びました。そこでは「人間の一生のように多様で――人の魂はそれほどさまざまな形に成長するので、神は人間を一人一人の人間に造りあげたのだ。魂……それはその人の本質の火花である」と書いています。

ウィックス夫人は、子どもは人間の知識を越えた神のような慧智で、真っ暗闇が日中にもあらわれることを知っていると言います。暗い影の中に含まれている不安、無知、邪悪、そして無力感や未知のものへの恐怖は、真昼の明るい意識の世界を覆ってしまうこともあります。魂の火花は、無意識の息がつまるような暗闇におびやかされ、人は見知らぬ危険の前で、立ちすくんでしまいます。それにもかかわらず、暗さもまた友だちなのです。それは神の恵みを得る前に、取り組まなければならない天使なのです。そしてがんばり抜く勇気が、体験を得るのに必要になります。つまり、真昼の暗闇の真中に、キラキラ星が輝きだし、「無限の、落ちることのない力」である光を、しっかりとつかまえなければならないのです。その光こそ「人間の知識を越えた、より高いところからくる輝き」なのです。人間の知識よりも、さらに高い真実をつかむことは、地獄にあっても、神の光を見るという本質的なことを得る勇気です。それこそ暗さのなかで生きているものだからであり、「神を直視するもの」だからです。それは二つの反対の極を含んだ要素であって、善も悪も越えるものなのです。

ウィックス夫人は、さらに、ユングがかつて心理学的な解釈をしたことのある『観無量寿経』を思い浮かべながら、次のように続けています。子どもが真っ暗闇の真中に坐っているキラキラ星を見ることとは、動きまわるのをやめて、心の中に引きこもり、静かに坐って待つことです。ちょうど、仏さまが幾千ものはすの葉の間に坐って、瞑想と観想の中で、次第に光を輝かせるように。光がその中にひっそりと隠れている暗さの中央に、キラキラ星も坐っているのです。

この子どもは、大好きな一人ぼっちのときに、こんな幽玄な時間を持ちました。そんなときに、光を内に秘めた暗闇の中の、自分自身の静けさから、キラキラ星は形作られました。キラキラ星は、子どもの光の根元のヴィジョンであり、存在の本質的な種子である「自己」のことです。

古代インドの聖典であるウパニシャッドには、次のような句があります。

日が沈み、月が沈み、火も消えて、あらゆるもの音が静まったときに、
人間の光となるものはなんであろうか。

「自己《アートマン》」こそ、まさに彼の光である、
自己一つを自分の光として持ってこそ、
人は坐り、動きまわり、はたらき、そして戻ることができる。
自己とは誰であろうか。
彼こそ心の中に住み、感覚にとりまかれ、
慧知によって形作られた、光の人である。

ウィックス夫人が、四十年後にこの少年と再会したときに、今ではすっかりおとなになったその人の、子どもの魂の中にあった変容の力、キラキラ星と真っ暗闇は、依然として、彼の心の中ではたらき続けていたということです。

ユングは、普通私たちが自分で「私である」と思っているものは、心全体から考えればほんの一部であって、その世界は意識の明るさで照らされ、はっきり見えますが、その他に、暗い大きな無意識の領域も含む心全体でもあり、その中心に位置し、意識と無意識の調和をとるもう一つの存在があると考えました。そして、それをセルフと名づけました。これは、自己とか、霊我というような言葉に訳されています。

昔の人はそれを、漠然と「魂」と呼ぶことが多かったようですが、ユングによれば、魂は、もっと、内的な無意識の世界のみを支配するもので、その人の自分という意識とは反対の要素でできあがっているものと考えました。子どもたちは、はっきりした性別の意識を持っていませんが、やがておとなになり、一人の男性、一人の女性として成長したときに、男性の魂として、無意識の領域に生れるイメージは女性的なものであり、その反対に、女性の魂として、心の奥に密かに育つイメージは男性的なものであることを観察しました。そして、男性の無意識の中の女性のイメージを、ラテン語で、魂、生命、息吹きなどを意味するアニマという言葉で呼びました。そして、女性の場合は、男性のイメージがあらわれるので、アニマの男性形であるアニムスという名前で呼んでいます。

セルフと意識的な自分との関係は、太陽と地球のようなものです。地球は、その上に人類の繁栄と文化を乗せて自転しながら太陽のまわりを廻っています。そして、私たちは日頃あまり意識して考えることはありませんが、この太陽系の小宇宙は、太陽を中心に、そのまわりを惑星が美しい秩序を保ちながら動いているのです。

子どもたちの想像上のお友だちは、子どもがはっきりした性の意識を持たないためか、同性であることが多いようです。しかし、同性ではあるけれども、たいていは反対の性格のものをあらわしています。子どもがあまり良い子でありすぎるときは、いたずらっ子、悪い子であるときは、おとなしく、やさしい子です。ときには、一人の想像上のお友だちが、良くなったり悪くなったり、そのときに応じて、一人で何役も兼ねることがあります。

また、想像上のお友だちは、お父さんやお母さんのイメージを持っていることがよくあります。やさしく、ものわかりがよい、良き指導者、哲人、賢者、そして危険なときにあらわれて助太刀をする老仙人たちです。それは、現実の父親の存在とはまた別に、心の中にある「父なるもの」のイメージです。そして、ユングがオールド・ワイズ・マンと呼んだ男性の成長の最終の目標である老賢人の姿です。しかし、もちろん、それはときには大魔王となって、子どもの上にのしかかるように襲ってくるかもしれません。

それから、やさしく、美しい、シンデレラの妖精のような光り輝く女性、すべてを与えてくれる人、それもまた、現実の母親とは別に存在する「母なるもの」のイメージです。子どもは、この心の中の母なるものに甘えながら、その腕の中で安心して育ちます。母なるものは、たとえ現実のお母さんが小さいときからいなくても、子どもの心の中には間違いなく住んでいて、子どもの成長を助けます。それこそ、ユングがグレート・マザーと呼んだ女性の理想像である太母の姿です。

子どもたちは、こうした想像上のお友だちを持って、現実の厳しさに直面するたびに傷つきかかる自分を慰め、急速に成長する心のバランスをとりながら、育っていきます。それはお伽の国のように多彩な世界であって、その中で、子どもは、自分一人ですべてを持ち合わせている一種の自己完結的な世界に住んでいます。その中に子どもは、男性的なものも女性的なものも、その他のあらゆる可能性を持っていて、ユングのいうセルフに近い姿を保っています。だから子どもは、おとなよりもずっと、キラキラ星を見つけることが上手なのです。そして、暗黒の混沌たるウロボロスの世界から生れたばかりの子どもは、その暗闇もよく知っているし、その中をじっと見つめていれば、そこから意識の光を導きだすセルフのイメージ、キラキラ星を見つけることができるのです。

アフリカの砂漠の中に不時着し、生死の間をさまよった飛行士のイマジネーションの世界に、ひょっとあらわれた小さな星の王子さまは、このセルフの光だったのではないでしょうか。音もない、暗黒の砂漠の夜の、死の不安の中から輝きだしたキラキラ星ではなかったでしょうか。

ウィックス夫人が出合ったこのキラキラ星と真っ暗闇を友だちに持った男の子の心は、有名な飛行家であり、作家であったサン・テクジュペリの世界でもありました。彼が、自分の飛行機事故のときの体験から書いたという『星の王子さま』は、第二次世界大戦後のパリで初上演されて、荒廃し、疲れきったフランスのおとなたちの絶讃をあびました。キラキラ星の存在は、人が生死の危機にさまようとき、絶望の中にあえぐときに、自然に人の心の中にあらわれて、希望をもたらすことがあります。サン・テクジュペリは、もともと童心を持った作家であったようですが、砂漠の遭難の危機が、この現代のメルヘンである『星の王子さま』をもたらしたものであると思います。

第四章　無意識的な親子のつながり

親子の縁

これは九歳になるある少女のお話です。彼女は三カ月間も微熱が下がらないので、学校に行くこともできませんでした。しかし、食欲がなく、けだるそうにしているだけで、他にはとくに目立った症状はありません。医者に相談してもどこが悪いのか、はっきりしませんでした。父親と母親は、ともに彼女の全面的な信頼を受けていることに自信を持っていましたし、彼女にはどこにも不安そうなところや、不幸な様子は見えませんでした。

後になって、実は夫とうまくいっていない、と母親のほうが認めましたが、子どもの前では、それについて話し合うようなことはけっしてしなかったから、彼女はまったく気がついていないはずだということでした。母親は離婚したがっていたのですが、それに伴ういろいろな環境の変化を考えて、決心しかねていました。それは両親の間でもまだはっきりしない問題でした。しかし、二人とも、自分たちの不幸の原因にかかわる諸問題をどうにかしようとする努力もしていなかったのです。父親も母親もそれぞれ子どもに対しては、自分のものにしようとする激情的な執着を持っていましたが、それに対して、子どもは父親に強く依存していました。彼女は父親の部屋で眠り、朝になると父親のベッドにもぐりこみました。そして次のような夢を見たのです。

「お父さんといっしょにおばあちゃんに逢いに行ったの。おばあちゃんはお舟に乗っていた。大きなお舟だったよ。おばあちゃんは私を抱きたがって、キスして欲しいようだったけれど、おばあちゃんがこわかった。お父さんは《どうしてこわいの、お父さんはキスしたいよ》って言ったけれど、お父さんがそんなことをするのはイヤだった。だって、お父さんになにか起こるかもしれないもの。それからお舟が行ってしまって、誰も見えなくなったの。とても恐ろしかった」

彼女は何回も祖母の夢を見ていました。祖母は大口をあけて、口だらけのときもありました。

「大きな蛇の夢を見た。蛇はベッドの下からはいだしてきて、いっしょに遊んだよ」

彼女はよく蛇の夢の話もしました。これと同じようなものも、他に一つ二つありました。この祖母の夢は、ためらいがちに話しましたが、やがて、父親がでかけるといつも、もう帰ってこないのではないかと不安になると告げました。彼女は両親の状態をあらましわかっていて、母親が父親を嫌っていることも知っていました。しかし彼女は「お父さんとお母さんが気分を悪くするから」と言って、そのことについては話したがりませんでした。父親が仕事の出張で旅にでると、いつももう行ったきりになるのではないかと心配しましたが、そのときはお母さんが嬉しそうにしていることにも気がついていました。

やがて母親は子どものことを配慮してこの問題を解決しないでいることが、かえって子どもを病気に追いやっていることに気がつきました。両親は自分たちの問題について、真剣にやり合って、ほんとうの調停をはかるように努力するか、離婚を決心するか、どちらかにするべきでした。二人は後者の決断をとりました。そして子どもにその状態を説明しました。両親は、きっと離婚の決定が子どもを病気にしてしまうに違いないと思っていたのですが、その反対に、ほんとうの状態が公けにされるやいなや、彼女は前よりもずっと健康を取り戻しました。そして彼女は、両親のどちらとも別れなければならないようなことはなく、二軒の家を持つようになると告げられました。どんな子どもにとっても、生活を二つに分けるということは、あまりよい取りきめではないのですが、漠然とした不安やあてずっぽうの推測のえじきになることがなくなったので、彼女の安堵感は大きく、普通の健康状態に戻って、学校や遊びをほんとうに喜んでできるようになりました。

これはウィックス夫人が逢った子どもの例です。ユングはロンドンの国際教育学会でこれを取りあげて、親子の無意識の領域が、いかに密接なものであるかを説明していますので、次にユングの解説を述べてみたいと思います。

このような事例は、一般開業医にとってはしばしば大きな謎とされるであろう。医者は病状の器質的な原因をいたずらに探し求めて、そのまだ先を見なければならないことを知らない――医学の教科書は、子どもの微熱が、父親と母親との間の問題に責任があるかもしれないなどということを認めないからだ。子どもは、かくも両親の心理的状況の一部をになっているので、彼らの間の秘密や未解決の問題が、子どもの健康に深い影響を与え得るのだ。『神秘的《パルティシパシオン》関与《ミスティク》』、すなわち、子どもの両親との、未開の無意識的な同一視は、子どもに両親の間の葛藤を感じさせ、それらがまるで自分自身の問題であるかのように苦しませる原因となる。明らかな葛藤や、表に示された問題が、害のある影響を与えることはめったにない。子どもの問題はいつも両親の、忘れられ、抑圧された不調和による。このような神経症的症状の真の第一原因は、例外なく、無意識にある。それは子どもによって漠然と感じられるものであり、懸念や、人目をはばかる圧制的な雰囲気は、子どもの心の中に有害な瘴気のようにゆっくりとしみわたり、意識の適応の安定性を破壊する。

この子どもがもっとも強く感じたのは、父親の無意識であった。男性が妻と真の関係を持たない場合には、もちろん彼は他の愛情の対象を求める。もし男性がこの探求を意識しなかったり、その種類のファンタジーを抑圧すれば、リビドーは、一方では母親の思い出のイメージへと退行し、他方では、もし娘がいる場合には、必然的に娘にそれを求める。これが無意識的近親相姦と呼ばれるものである。その男性に責任を負わせることはできない。なぜならば、それはまったく自律的な過程であるからだ。しかし彼は無意識であることの責任を負うべきである。自分の愛情の問題をおろそかにするのは、彼にとって倫理的に間違いである。残念なことに、できるだけ愛情問題を無視し、それに無意識であることは、ほとんど集合的な理想とされている。尊厳と品位の仮面の背後で、無視された愛情の力は子どもたちを犯す。もちろん、普通の男性を咎めることはできない。彼は愛情の大問題を解決するのに、近ごろの理想や常識からはなんの指示も受けていない。それらは、残念だが、すべて無視と抑圧を支持している。

祖母の夢は、いかに父親の無意識の過程が子どもの無意識にしみこんでいるかを示している。彼は自分の母親にキスしたいと望み、子どもは夢の中で、キスを強要されているように感じている。祖母が「大口をあけて、口だらけ」であるのは、呑みこむ行為を暗示している。あきらかに子どもは、父親の退行的なリビドーによって呑みこまれる危険に瀕している。そこに、彼女が蛇の夢を見る理由がある。蛇は古代から、とぐろに巻きこみ、呑みこむもので、毒があり、危険をあらわすものであった。このような夢については、私著『無意識の心理学』の蛇の象徴に関して述べている個所を見られたら、より良く理解されるであろう。

この事例はまた、両親が推測しているよりも、子どもたちははるかに見ることにたけていることを示している。もちろん、両親がコンプレックスをまったく持たないなどということは、ほとんど考えられない。それでは超人間である。しかし、彼らはそれを意識化するように扱うべきであり、苦しい論争を避けるために、自分たちの問題をよけて通ることで、それを抑圧すべきではない。愛情問題は人間の重い苦悩の関門の一部であり、誰もそこで税を払うことを恥じることはない。いかなる意味においても、両親が彼らの問題を無意識の中でうずかせたままでいるよりは、正直にそれについて語り合うほうが数千倍もましである。

このように場合に、子どもに近親相姦的ファンタジーや、父親との病的執着について語ってもなんの益があるだろうか。そのようなやり方は、すべて自分自身の不道徳、非倫理性のせいであるか、またはすくなくとも、おろかさであると子どもに信じさせるだけであり、事実は父親のものである彼女の責任感の重荷を積み重ねることになろう。彼女は、自分が無意識の近親相姦的傾向を持っていたのではなく、父親がその傾向を持っていたために苦しんでいた。彼女は家庭の誤った雰囲気の犠牲者であり、両親が自分たちの問題を解消するやいなや、彼女の問題も消滅した。

これは父親と祖母との無意識的な絆が、さらに子どもに影響を与えた場合の例です。しかし、もちろん、この子どもの夢を、もっと彼女自身の問題として考えることもできます。現実の両親の問題はどうであれ、子どもは成長の過程で、自分自身の無意識の中に住む「母なるもの」と対決し、その力を自分のものとして育ちます。母なるものは、あらゆるものを育てる大きな力を持つと同時に、その力によって、すべてを呑みこみ、自分の中に抱えこんで、その成長をとめてしまうような恐ろしい面も持っています。「母なるもの」には、永久に子どもを支配するために、子どもの成長を喜ばない面があるのです。それがいわゆる過保護の母です。

たとえば、赤ずきんちゃんのお話を、過保護の母の問題として考えてみることもできます。赤ずきんちゃんは、いつもおばあさんからもらったかわいい赤い頭巾をかぶっていますが、それはかわいいけれども、赤ずきんちゃんの頭をいつまでもしめつけていて、そのために彼女はいつまでも大きくなれないという過保護の印なのです。赤ずきんちゃんは毎日、森の奥に住んでいるおばあさんのところに、ブドー酒とお菓子を持って通いますが、彼女はまだ自分の心の中の暗い無意識の森の奥に潜んでいる「母なるもの」と、血のように濃いブドー酒や、甘いお菓子のような情愛でしっかりと結ばれているのです。ある年齢までは、母子一体の無意識的な親子の絆は、子どもに安心感と自信を持たせるために、ひじょうに重要です。しかし、それがあまりにも行き過ぎたり、いつまでも続くと子どもの心は自立できません。

そしてある日、赤ずきんちゃんが森の中に入って行くと、狼がでてきて赤ずきんちゃんを森の奥へと誘うのです。この狼はよく娘を誘惑する悪い男性と考えられていますが、この狼はすべてを呑みこんでしまうような過保護のお母さんをあらわすものではないでしょうか。狼は子どもを甘やかし、ますます無意識の奥に引きこんで、それからいそいで先廻りして、やさしいすべてを育てるおばあさんをまず呑みこんでしまいます。そしてこの時、愛情深い母親が自分でも気がつかずに、支配的な、子どもの成長をとめてしまう過保護の母親に変わってしまうのです。愛情の裏にはしばしば権力欲が隠されています。どんな愛情も良いものであるとは限りません。否定的な暗い愛情は支配的な権力欲です。愛情と権力欲が一つの楯の明るい面と暗い面であることは、少しものわかりの良い人は、よく知っていることと思います。

さて、赤ずきんちゃんがおばあさんの家に着いてみると、おばあさんはいつもと少し違って見えます。大きな耳をして、口が耳までさけています。そこで彼女はちょっと変だなと思うのですが、いつものおばあさんと同じ服を着て、同じ調子で話すので安心して傍により、過保護の母親である狼のおばあさんに呑みこまれてしまいます。そこに、理性的な男性の要素、狩人がでてきて、狼をやっつけてお腹を割き、赤ずきんちゃんとやさしい良いおばあさんは助けられ、支配的で悪い母親は、うまずめの印である石をお腹にたくさんつめられて、ぺしゃんこにつぶれて死んでしまいます。だから、支配的な過保護のお母さんには、誰かしっかりした人が注意してあげなければなりません。そうすれば、お母さんの中にある恐ろしい支配的な愛情は死んで、子どもも、お母さん自身も助かるのです。

「母なるもの」が心の中にあってこそ、子どもは無事に育つのですが、それはこのように、お母さんも子どもも呑みこんでしまうほど、恐ろしい力も持っているのです。そして、ウィックス夫人のあげた例にでてくる子どもの夢の中のおばあさんも、赤ずきんちゃんのおばあさんのように、彼女の心の中に住む「母なるもの」をあらわしているのかもしれません。「母なるもの」、すなわち、ユングのいうグレート・マザーは、女性にとっては、人生の最終の目的である完成された理想のイメージで、「自己《セルフ》」と同じ意味を持っています。それは女性が自分の持っている良い母親の面も、悪い母親の面も、ともによく知りつくしたときに近づくことのできる神的なイメージです。そして、お伽話や夢の中では、その良い面は、希望をかなえてくれるシンデレラの妖精のような輝けるイメージになってあらわれ、悪い面は、たとえばヘンゼルとグレーテルの迷いこんだ森の中の、お菓子の家からでてくる魔法使いのおばあさんのような姿をとってあらわれます。

両親の不和を感じ、離婚を予知した子どもの鋭い感受性は、不安を感じて否定的な心の中の「母なるもの」の中に退行し、この夢はその中に呑みこまれてしまうところを意味するものだったのかもしれません。無意識の海に浮かんだ舟の上のおばあさん、彼女を甘やかすお父さんはむしろ、その腕に抱かれることをすすめます。しかし、彼女は自分を守って抵抗し、一人きりになるのです。それはやがてまだ幼ない身で二つの家庭を往き来することになる彼女の独立を促す夢だったかもしれません。

夢のもう一つの主題である蛇についても、同じようなことが言えると思います。蛇は、一方では、すべてを呑みこんでしまう恐ろしい存在です。しかし、また一方では、万病を癒す薬を持つものと言い伝えられ、何回も皮をぬいで再生する大地の持つ力強い生命力をあらわしています。またフロイトによれば、蛇はまぎれもないファルスの象徴で、男性的な存在ですが、ベッドの下からはいだして、子どもといっしょに遊ぶというこの夢の場合の蛇は、ユングの考えたように、母なる大地のエネルギーと考えてもよいでしょう。しかし、それはただ呑みこむだけの危険なものだけではなく、力を与えてくれる意味も持っていたかもしれません。この子は夢の中で、大きな蛇をこわいとも思わずに、遊んでいたのですから。

この少女の夢は、父親の問題であったと同時に、彼女自身の問題でもありました。いずれにしろ、子どもの微熱は、両親の問題を無意識的に感じて、無意識を通して、両親の問題を感じたことから、あるいは、その中で自分を確立しようとする葛藤から生れたものです。そして、親の問題が片づいたときに、子どもの微熱も消えて、一人立ちできるしっかりした子どもになったのです。

ウィックス夫人は、さらに、父親と娘の無意識的なつながりを明らかに示す、ある少女の夢の例をあげています。

父親が事業に失敗し、ノイローゼになって社会から引退しかかっていた家庭の、ある少女は、悪夢を見始め、やせ細って気難しくなりました。そしてこんな夢を見ました。

「私はお母さんで、うちの子どもは戦争に行くところだったのよ。でも、ちっとも戦おうとしないの。大戦争でみんながんばらなくちゃならないときなのにね。そこで私は楯を二つ手にして、一つを彼に渡したの、そしていっしょに戦争に行くように励ましたの。ともかく戦争なんだもの、すごくこわかったけれど、なんとかして彼をふるい立たせなければならなかったのよ」

この戦争はもちろん彼女の父親の問題である、とウィックス夫人は述べていますが、しかし、それは彼女の問題でもあります。この夢は、父親が意識の世界ではノイローゼになりながらも、なんとかして立ち上がろうとする無意識の力を子どもが夢見たものと考えられます。彼女はいわば、彼の良心の声と倫理感が人格化された姿を夢の中で実現し、彼がしなければならないことを示したのです。それと同時に、一家の危機を無意識の中で感じた彼女が、心の中の小さな英雄である自我をふるい立たせようとして見た夢であるかもしれません。彼女には家庭の状況や父親の状態なども、まったく知らされていなかったのですが、彼女の無意識はそれを敏感に感じていたことを夢は示しています。この少女は、実際に父親が自分の問題を解決して、社会に復帰すると同時に、再び安心してよく眠るようになり、体重も増して常態に戻りました。

親と子はこれほどしっかりと、無意識の中で結びあっています。お母さんのお腹の中から生れてくるまで、赤ちゃんはお母さんの体の一部ですが、へその緒が切れるときに、身体的には独立します。しかし、心の絆はまだずっと後まで続くのです。それは、親と子のそれぞれの心の中にありながら、集合的な性格を持って一つにつながっている普遍的な無意識の中の「母なるもの」や、「父なるもの」、すなわち、グレート・マザーやオールド・ワイズ・マンの元型を媒介として結びあっているのです。そして、親も子もその存在にあまり無意識でいると、一つの問題が親から子へと伝えられて、何代にもわたって同じことに苦しむような場合さえあります。

ある日私は、子どもが夜泣きをすると訴えて、相談に来られたお母さんと逢っていました。

「夜は電燈をつけて、つききりに傍にいてやっても、この子はちょっとしたもの音で目をさまし、泣きだすのです。そして窓のほうを指して、《ライオンが来る、ライオンが来る》と言ってこわがるのですが……。

動物や怪獣の絵本などは隠したほうが良いでしょうか」

「いえ、そんなことはありません」

と私は答えました。

「熱があったり、寝苦しかったりすると、いろいろこわいものが赤ちゃんの心の中からでてきて、おびやかすこともありますが……」

しかし、その子はお医者さまに見せても、とくに悪いところはないようでした。そんなことから、私たちの話題は自然に病院や医者のことに移りました。そのお母さんは、医者の生活にとても興味があったようなのです。そして、二、三回、面接が続いた後で、お母さんは、家が広いから、医学生を下宿させようかと思う、となにげなく言いました。なんでも気楽に話し合うようになっていたそのお母さんは、

「実は、お医者さまが好きなんです。とくに医学生には興味があって……」

と言ったのです。そして、突然、彼女は真剣な顔になると次のようなことを口走りました。

「最初の恋人は医学生だったんです。でも、その人はプレイ・ボーイで、私はもてあそばれただけでした。それなのに、未だに私はその人のことを考えているんです。いえ、恨んでいるのかもしれません。だから、今の夫とはもう一つうまくいかないんです。このころ離婚を考えるようにもなりました。彼のほうには別にどこも悪いところはないんですが。しかし、別れても私一人では暮せないし、このままでも、たとえば、医学生を下宿でもさせれば、少しは生活に張りがでてくるのではないかと思って……だめでしょうか」

それが赤ちゃんの夜泣きの原因だな、と私は思いました。無意識の世界から浮かびあがってきた平和な家庭への闖入者、お母さんの不安な気持を、赤ちゃんの無意識は敏感に感じとって落着いて寝られなかったのでしょう。窓からのぞくライオンは、お母さんの心にしのびよった別の男性のイメージだったのかもしれません。そのお母さんは、さらに言葉を続けました。

「おかしなものですね。実は、うちの母の初恋の人も医学生だったそうですよ。いつも、あの人と結婚していたら、とそればかり言っていました。なにしろ、私の父は、今の夫と同じで、商家を継いだので、教育のない人でしたから。今になって、母の不満がよくわかります。それからあのう、祖母も恋人は医学士さんだったのです。私の母は、ほんとうはその人の子なんです。身分が違うとか言われて、とうとうその人とは結婚できなかったんですが……」

唖然として、私はそのお母さんの顔を見ました。親子三代にわたって、同じようなプレイ・ボーイの医学生に騙されて、人のいい夫と一生愚痴だらけの生活を送り、まだ気がつかないなんて。そして、急に目の前にいる夜泣きする女子の赤ちゃんも、きっと同じ運命をたどるに違いないと思い始めました。それから、何回か、私たちは真剣に、この問題について話し合いました。このお母さんもやっと、そのことに気がついて、考えを変え、夫との新しい出発をしたいと言うようになりました。お母さんの心も落着き、赤ちゃんの夜泣きもとまって、相談は一応終了しましたが、しかし、そのお母さんがほんとうに自分の問題を解決したかどうか、私は未だに自信がありません。赤ちゃんの夜泣きをきっかけに、ふとあらわれてきたお母さんの深い心理問題は、まだこれから長いことかかって、彼女がもっと体験的に考えぬかなければならないことのような気がします。

仏教で、輪廻転生を繰り返すという業《カルマ》の問題は、こんなところで、実際に生きていたのかと、私は未解決の心理問題が無意識の世界を媒介として、どこまでも続く恐ろしさを、そのとき痛感しました。

同一視と投影

世の中の多くのお母さん方は、しばしば自分のことはあきらめてしまって、自分の夢を子どもに託し、子どもの立身出世のみを心に描いて暮しています。これはとくに男の子の場合によく見られます。この状況もまた、母親の無意識の投影であると思います。母親の息子に対する過大な期待、それはお母さんが無意識の中に抑圧してしまった男性的なもの、つまり、彼女のアニムスの持つイメージへの憧れです。なにがなんでも息子を理想的な男性に育てたいという願いは、子ども自身のほんとうの個性を見抜く冷静な目をくもらせてしまいます。お母さんは子どもを見ているのではなくて、子どもの上に自分の心の中の無意識の男性像を見ているのです。

「私はなにもやらせてもらえなかったから、子どもにはあらゆるチャンスを与えてやりたいと思うのです」

とお母さん方はよくおっしゃいます。そこで子どもたちは、幼稚園の他にも、ピアノ、英語塾、お習字、その他さまざまなところを駆けまわることになるのですが、その間に子どもは、自分の夢も素質も育てることができずに、ただ技術的なことを少し覚えるだけで、自分自身で成長する力を失ってしまいます。夜も寝ないで子どものために尽す母親、それは一見、美しい姿のように見えますが、この自己犠牲的な愛というのがくせものです。自分の欲望をあまり押えてしまうと、抑圧された欲望はみんな無意識のほうに行ってしまって、自分が知らないうちに無意識の中で自己犠牲とは反対の支配欲に変わってしまいます。子どもを大事にするあまりに、子どもの行動を制限し、世話をやきすぎて、なにもできない子どもにしてしまうことは世間によく見られることですが、その上、親の無意識の支配欲は、すぐに子どもに伝染し、わがままで支配的な、手のつけられない子どもに育ってしまうこともあります。そうなると、親はますます自分を犠牲にし、子どもはその分だけ支配的になるという悪循環が始まってしまうのです。あんなにやさしく育てたのに、なぜこんな乱暴な子になってしまったのか、と思い悩む親は、けっして少ない数ではないでしょう。

F子ちゃんがまだお母さんのお腹にいたころに、お母さんは夫の浮気に苦しんで、なんとか離婚しようとまで思いつめました。しかし、生れてくるF子ちゃんのことを考えると、夫と別れる決心もつかず、相手の女性を恨み、夫を憎みながらも我慢しました。そしてF子ちゃんが生れたのですが、お母さんの苦しみを背負って生れたF子ちゃんは、ちっともかわい気のない子どもでした。どこか夫の浮気の相手に似ているようにも思えて、憎らしいと感じることさえあったのですが、そんなことではいけないとお母さんは思い返して、F子ちゃんを特別に大事にし、自分の感情を押えて、F子ちゃんをかわいがりました。しかし、彼女は母親が抑圧した無意識の中の不安や恨み、憎しみをそのまま受け継ぎ、母親がじっと我慢してかわいがった愛情の裏にある支配欲をそのまま持ったわがままで、かんしゃく持ちのしようがない子に育ちました。お母さんは二人目、三人目と後の子どもたちが育つにつれ、自分の気持もおさまって、夫との幸福な生活をとり戻したのですが、F子ちゃん一人が憎まれっ子で、みんなに嫌われながら育ちました。

そんなF子ちゃんにも一人味方がいました。F子ちゃんのお母さんは、どういうわけか自分の母親とどうもしっくりいかなかったのですが、その母方の祖母がF子ちゃんをよく大事にしてくれました。おばあちゃんは、F子ちゃんの気持を理解してくれるたった一人の人だったのです。そうして彼女はどうやら小学校を無事に卒業し、中学に入りました。そのとき、いっしょに住んでいたわけではなかったのですが、彼女の心の頼りであるおばあちゃんが亡くなってしまいました。F子ちゃんの問題は急に表面にあらわれて、学校に行きたがらなくなり、一日中泣き続けたり、強情を張り通し、ちょっとでも気に入らないことがあると体をふるわせて怒り、失神までするようになったので、両親は困って彼女を連れて相談に来ました。

彼女は誰も信用しませんでした。相談を受けた先生にも、さんざん突っかかり、しまいには病院の三階の窓の外にでて、自分の好きなようにしなければ、ここから飛び降りると言って先生をおどかしたりしました。そうかと思うと赤ん坊のように先生に甘え、大きな体で先生の膝の上にはいあがり、腕の中に抱かれたがりました。あるときには、かんしゃくを起こして部屋中を暴れまわり、とうとう重たい椅子を先生にぶつけて、けがをさせてしまいました。そして、その罰に彼女をぶつようにと先生に頼んだのですが、先生が軽くぶっただけなのが気に入らず、自分で自分を傷つける

つもりで、

「この部屋にナイフはないの」

と先生に聞きました。そしてないと言われると、今度は、マッチの火を自分の指に近づけて、自分を罰するために火傷を作りました。しかし、先生はじっとこれを見つめながら、F子ちゃんの頑な心が自分のほうに寄ってくるのを待っているより他ありませんでした。先生はその間F子ちゃんのわがままも、強情も、粗暴な行為も意地悪も、彼女自身のものではなく、ほんとうの彼女はいたましい傷ついたやさしい心を持った少女であることを信じ続けていたのです。

F子ちゃんは一人除けものにされた家庭にいたたまれなくなって、途中で家出をしたこともあります。両親はなんとかして彼女の機嫌をとろうとするのですが、彼女のほうで些細なことからすねてしまい、最後はいつも親子の大喧嘩になってしまいます。弟や妹たちはそれをよく知っていて、

「姉さんは勉強ができなくて、悪い子で、仲間はずれなんだよ」

と、口にだして言うのです。家出をしたF子ちゃんは、キャバレーで働いて自活して暮そうと思ったのですが、すぐに年齢がばれてしまって、警察に補導されました。

そんなF子ちゃんも、さんざん先生の心を試したあげくに、少しずつ先生を信頼し、慕うようになりました。再び心の拠りどころを見つけた彼女は、しだいに自分をとり戻し、再び学校に戻って、勉強を続けられるようになりました。しかし、その後も長い間、先生はF子ちゃんの手紙に返事を

書き、たまには彼女を訪れて励まさなければ、彼女はすぐに不安な状態に戻ってしまいました。ほんとうに自信を持ち、一人立ちできるようになったのは、十八歳近くになってからでした。

もちろん、いろいろな情緒的障害を起こす子どもたちは、すべて両親の問題を引き継いだためではありません。両親になにも問題がなくても、その子ども自身の感受性の鋭さや、素質と環境の不調和、あるいは器質的な欠陥から問題が起こることもよくあります。そしてまた、親自身が自分の問題に気がついていても、どうにもならないことだってあるのです。しかし、それでも、お母さん方は自分の問題にまったく無意識であるよりも、気がついているほうが子どもに与える影響は少ないし、また両親の間に起こったことは、ふたをして忘れてしまおうとしないで、なるべく明るみにだして、二人で納得のいくまで話し合ったほうが、子どものためには良いのです。F子ちゃんの場合は、お互いに許し合えず、心の奥底にそのままましまいこんでしまった夫婦の間の恨みや憎しみが、一人の子どもの心に結集し、最初からつまずいた彼女は、十分に母親に甘えることもできず、父親を信頼することもできずに、まったく孤独な子ども時代を送った例と言えましょう。彼女の心の中の母なるもののイメージは、抑えられたまま、僅かに祖母に少し投げかけられただけで、心の中のやさしさを育てることはできませんでした。F子ちゃんは、まったくお人形遊びをしない子どもだったということです。

よく、老夫婦や祖母が同居している家庭には、問題のある子が多いと言われます。しかし、それは、おばあさんの存在が悪いわけでも、お母さんの性格が悪いわけでもありません。父親を間にした祖母と母親との間に流れる緊張感を、子どもは敏感に感じとって不安になるのです。家庭の中の無意識的な抑えられた情緒性が、ぐるぐると渦巻いて、一人の子どもにとりつき、その子どもの健康な心を蝕んでしまいます。その子は一家の犠牲者です。みんなが密かに抑圧し、無意識の中に育てている憎しみや、嫌悪を一人で被って暗い影の世界に追いやられてしまうのです。それは子どもの神経症にまで発展し、入院しなければならないような極限の状態にまで追いこんでしまうことさえあります。そして、その子が元気になってもう一度家に帰るときに、一家のものがいっせいに不快な気分になるのです。その子どもに背負わせて忘れてしまった問題を、家族のそれぞれのものがもう一度思いだし、自分で考えて処理しなければならないからです。家庭の中の無意識的な絆はそれほど強く、また無意識の世界から生れてきたばかりの子どもたちは、その影響を身近に強く感じとります。

日本における嫁と姑の問題は深刻ですが、それには、姑の難しい性格が原因なこともありますが、嫁になった女性が問題を持っていることもあります。もしその女性が自分の母親とあまりうまくいっていなかったとしたら、その問題を姑との間に持ちこして、どんな良い姑でも、悪い母と思いこんでしまうこともあります。そして、それは子どもたちにはけっして良い影響を与えません。だから子どもの心の健康のためには、なによりも、母親が自分をよく知らなければなりません。

「私はこんなふうに生れついているのだから、自分を変えることなんかできない」

と考えているお母さん方は多いようです。これはお父さんにしても同じことですが、自分の性格の反対の面を知ることで、無意識の中に影になっている部分に光をあてることができます。そして、その上でお母さん方は父親が持っているような知性を身につけて、しっかりと自分を見つめ、やさしさが溢れでるような、しかも子どもを甘やかさない偉大なグレート・マザーになって欲しいと思います。

これはまた、子どもの心理療法にたずさわる人たちにも言えることです。一人の子どもの心理相談を受けて、子どもの話を聞いたり、いっしょに遊んだりし始めると、その人の心の中の母なるものが動きだして、その子がだんだん自分の子どものようにかわいくなってきます。そして先生と子どもの間には、しだいに母子一体の心理状態が育ちます。これは心理療法の場で、子どもにほんとうの安心感を与える上で、なによりも大事なことですが、しかし、そうなると先生には子どものほんとうのお母さんが必要以上に悪く思えてくることがあります。お母さんはつまり、母親としてのライバルになってしまうのです。そうして子どもがいつまでも自分についているように、無意識的に子どもの成長を押え、子どもを甘やかす、いわゆる過保護の母に自分でも気がつかずになってしまうことがあります。だから児童の心理療法を志す人は、暖かい母親のようなやさしさを持つと同時に、冷静に子どもの状態を観察し、そして自分自身の心の動きをある程度客観的に眺められる人にならなければなりません。心理療法は多かれ少なかれ、二人、またはそれ以上の人々の間に、無意識的な連帯感をもたらすものですが、その連帯感は治療の基礎であると同時に、大きな邪魔にもなります。自分自身のしていることをよく見つめられる人ほど、すぐれた心理療法家と言えるでしょう。

子どもに母親のイメージを投げかけられるのは、なにも女性の心理療法家ばかりとは限りません。男性も母親の役割を持たせられることがあります。ユングはよく依頼者から、「お母さん」と呼ばれたことがあると述べています。しかし、男性の心理療法家の役割は、普通はやはり父親の代わりでしょう。厳しく、細かいところにはあまりとらわれないで、全体を見通す男性の知性は、子どもの成長にひじょうに大切です。しかし、男性の場合もやはり心の中に女性の持つやさしさや愛情を育ててこそ、ほんとうの意味で良い心理療法家になることができるでしょう。

心理療法家は、いろいろな人から無意識的なものの投影を受けます。ある女性は子どもと母親の両方の相談を引き受けていたのですが、最初は暗い顔をしていたお母さんが、だんだん明るさをとり戻し、相談に来るときも、前とは違ってきれいにお化粧をして明るい感じの服を身につけてあらわれるようになりました。そのころから、子どものほうは嫌がって、あまり相談に来なくなりましたが、お母さんの報告では、日増しに元気になり、登校拒否をしていて部屋に閉じこもっていた子どもも、今にも学校に行きそうだということなのです。そこで先生のほうも安心して、お母さんの相談に乗っていました。ところがそのうちにお母さんから急な電話があって、子どもがすっかり沈みこんで、部屋に閉じこもったまま、外にでて来なくなったということなのです。

その実状はこういうことでした。お母さんには、まだ若く、美しく、教育もあるこの心理療法家の先生が、まったくすばらしい女性に見えたのです。そこでたちまち無意識的にその先生と自分を同一化してしまって、先生のようなヘアースタイルに変え、同じような服を新しく買って、おしゃれもして若返りました。この先生に逢うのがなによりも楽しみになり、いつも先生と話し合うときには、生き生きとしていました。だから、先生のほうから見れば、ほんとうに明るく若返って見えたわけです。そこまでは別に悪いことではなかったのですが、このお母さんは、先生とよく話を合わせ、その注意どおりに家でいろいろやってみたのですが、ちっともうまくいかないのです。子どもにしてみれば、大事な先生をお母さんにとられ、またお母さんを先生にとられたような形になって、一つもおもしろくないし、ますます一人の生活に閉じこもってしまいました。

しかし、お母さんは、なんとかして先生を喜ばせようと、先生にはいつも良いことばかりを報告しました。そうすると先生が嬉しそうな顔をするので、少しずつ違うことを言っているうちに、現実とはまったく別な報告になってしまいました。先生はそんなこととは知らないで、話がよくわかるしっかりしたお母さんで、すべてが順調に進んでいると思っていたのです。お母さんの行動は自分でもまったく気がついていない無意識的なものでした。子どもの状態は気にならないでもなかったのですが、機嫌が悪いのは、父親の帰りが遅かったからだろうとか、食事が遅れたからだろう、あるいは、一人で散歩に行って疲れたのかもしれない、隣りのテレビの音がうるさいのかも、などといろいろ合理的な解釈をつけて、自分で納得していました。しかしある日、いくら合理的な理由をつけようにも、つけきれないようなひどい状態に子どもが落ちこんでしまったのに気がついて、やっと、この相談は子どものために始めたのだということに気がつき、先生への緊急電話になったわけです。

こうしたお母さんの状態に気がつかなかった心理療法家の先生もうかつですが、自分のしていることにまったく気がつかない母親にも問題があります。同じようなことは、一家の中で、父親だけ、または母親や祖母だけに逢っている場合に、その人の無意識の欲求や問題を含んだ報告をそのまま信じて、全体の見通しをまったく誤る結果を招くことにもなります。これはもちろん、子どもの言うことについても同様です。自分が相談を受けている人を信頼しなければ心理療法はなりたちませんが、問題を合理化したその人の言葉の中には、多くの無意識的な傾向が含まれていることに注意しなければなりません。そして、それを聞く自分の心も、まったく白紙の状態ではないことを知らなければなりません。

こうして子どもの心には、まわりの人々の問題が無意識的に影響し、さまざまな問題が重なって子どもの心を傷つけてしまうことがあります。どんなにわがままに見える子どもでも、手のつけられない非行の子どもでも、あるいは心をまったく閉じてしまって、無表情でなにを考えているかわからない子どもでも、それは子ども自身の罪ではなく、その子どもの素質と環境が合わなかったり、まわりの人の無意識的な問題が影響したり、または子どもの感受性があまりにも鋭くて、それに誰もついていかれなかったりするためなのです。

子どもは誰にも理解されないと、ますます傷ついてほんとうの自分を本能的に隠してしまい、すべてのことに自信を失ってしまいます。自分自身でも、ほんとうの自分がわからなくなってしまうのです。だから、子どもの心の奥深くまで入りこんで、その半無意識的な秘密を見出し、それを子どもと分けあうことのできる人が、子どもたちのほんとうの友だちであり、傷ついた子どもの心を癒すことのできる人です。

子どもは本来は無垢であらゆる可能性を持っています。その子どもの心を信じたい、そしてそれが信じられる人が一人でも多くいて欲しいと私は心から願っています。

第二部　妖精たちの住むところ

第五章　お伽の国に遊ぶ子どもたち

桃太郎の鬼ケ島征伐

K君はもう小学校の五年生でしたが、外にでると誘拐されると言ってこわがるので、学校にも行かれなくなりました。その他にも、人間は嘘をつくから信用できないと言ったり、普段はおとなしいのに、ときどき発作的に暴れたりします。また亡くなったおばあさんの声が聞こえると言ったりするので、小児分裂病の疑いがあると診断されました。K君の家は花屋さんですが、お父さんが病気がちで、そのためにお母さんがお店の仕事をしなければならず、K君はずっとおばあさんに育てられ、おばあさんが亡くなってから、両親といっしょに住むようになりました。

最初にK君を連れてお母さんが相談に来られたときに、二歳年少の弟もいっしょについて来たのですが、弟は最初から両親の下で育ち、学校の成績も良く、家の手伝いもするととても良い子でした。どのくらい良い子かというと、先生がいろいろお母さんの話を聞いているうちにお昼時になったので、先生がなにか食事をとりましょうかと言ったら、すかさず弟のほうが、

「お母さん、門の前にパン屋がありましたよ。僕がなにか買ってきましょうか」

と言うのです。そして、パンや飲物を適当に見つくろって買ってきて食事をすませると、

「お母さん、このコーラのびんは返してきましょうね」

K君の弟は、こんなになんでもよく気がつく良い子なのです。しかし、K君のほうは、終始、不安そうにイライラしていて、玄関の前に散っていた落葉を掃きたがっていました。

兄弟二人が善玉と悪玉に分れて、一人が悪い子になると、もう一人が良い子の役を演じる例はよくあります。どんな子どもでも、お母さんの手伝いをして褒められたり、しかられるのはわかっていても、いたずらをしてみたいのですが、良い子はいたずら心を抑圧し、悪い子は褒められたい気持を素直にだせません。そして、お互いに相手の中に、自分が無意識の世界に抑圧してしまった影のような存在を見出して安心しているのです。こんなときに、悪い子のほうが立直ってくると、良い子は自分の中でいたずらをしたがっている悪い面をもう一度自分で受けとめなければならなくなって、たちまち、落ちつかない困った子になってしまいます。

Ｋ君と弟も、そんな組合わせだったと思います。そしてＫ君は心の中の乱れた落葉のような状態を、しきりと整理したがっていたようでした。それからＫ君は、先生と心理療法的な意味で遊んでもらうのに、プレイルームに行きましたが、一人ではこわくて入れないので、お母さんにもいっしょに入ってもらいました。ところがＫ君は先生に背を向けて、壁に向かって坐ったまま、

「なにかがおかしい、なんだかぶっそうだ」

と小声でつぶやきながら、しばらく身動きもしませんでした。

そのうち、Ｋ君は傍にあったくさり鎌を手にして、お母さんの体に巻きつけたりして遊び始めました。Ｋ君はいつもお母さんにぴったりくっついていて、前の晩はお母さんとおもちゃの手錠で結び合って寝たそうです。相当大きくなっても、場合によってはおとなになってからも、まだ、お母さんの体にまとわりつく子どもがいますが、これは危険信号です。お母さんとの仲がほんとうにしっくりいっていないのです。だからいつお母さんに棄てられるかと、それが不安でならないのです。この子はいくら邪険に扱っても私を慕ってくれるなどと、お母さんはいい気になってはいけません。子どもはその不安に気をとられて、なにをやらせても長つづきしなくなってしまいます。Ｋ君の場合は、自分を育ててくれたおばあさんの死と、新しい家庭に入る不安とが、母親にまとわりつく赤ちゃんのような状態を作りだしたのでしょう。

やがてK君は床の上におもちゃの鉄砲やライフル銃をまき散らして、くさり鎌を釣竿のようにたらして、魚を釣りあげる真似を始めながら、

「鉄砲魚が釣れたぞ」

とさけびました。しだいに元気になったK君は、次に鎌で床の上に生えているという草を刈る真似をして、一人で遊びだしました。床にはたくさん草が生えているので、刈っても刈ってもなかなかきれいにならないのだそうです。

「また草が生えてきた。根が残っているからなあ」

と言うので、先生もいっしょになって、おもちゃの木をならべて根こそぎ引き抜く真似をし、さらに、それを集めてたき火をして、二人で手をかざしながら暖まるような遊びをしました。

これは魚釣りという海や水にかかわる遊びと、草刈りやたき火という山や火にかかわる遊びです。水は無意識をあらわし、火は意識をあらわすと言いますが、K君の抑圧された生きる力は攻撃性に変わり、水の中をうようよと泳ぎまわっているようで、それを釣りあげて、しっかり意識化しようというわけです。彼はなによりもまず、自分の中の今にも爆発しそうなエネルギーがこわいのです。それが外界に投影されて、K君を誘拐する力となっているのです。その無意識の力は心の奥深く、土の下から刈っても刈っても生えてくる草のように、あとからあとから生れてくる不安となって感じられます。でも草は刈っただけではだめで、根こそぎ引き抜いて、火で燃やしてしまわなければ

なりません。火が燃えて煙が昇り、あたりを明るく照らすように、心の奥の不安を意識の世界の明るみに引きだし、煙のように昇華して自分自身の力としたいのです。この無意識の中の力こそ、抑圧して見ないようにしていればお化けのように、なんだかあやしいものですが、うまく自分のものにすれば、自分自身の成長する力となるのです。

火と水は世界の創世神話や、建国神話で大きな役割を持っています。たとえば、日本の神代史では、天照大神の皇孫に日子番能邇邇芸命《ヒコホノニニギノミコト》という神がいて、この邇邇芸命が木花咲耶姫《コノハナサクヤヒメ》と結婚し、三人の王子が生れます。それが、火須勢理命《ホスセリノミコト》、火照命《ホテリノミコト》、火遠理命《ホオリノミコト》ですが、火照命は民間説話では、海幸彦とよばれ海辺で漁をして暮す人々、火遠理命は、別名、彦火火出見尊《ヒコホホデミノミコト》ともよばれ、山で狩りをする山幸彦のことです。

ある日、いつも山で狩りをしていた山幸彦は、いつも海で釣りをしていたお兄さんの海幸彦と、仕事をとり変えて、お兄さんの釣竿を借りて魚を釣りに行きますが、大事な釣針を失くしてしまいます。そこで、塩土老翁《シオツチノオジ》に教わって海神《ワタツカミ》の宮へ行き、そこで海神の娘、豊玉姫《トヨタマヒメ》とめぐり合い、たいののどにひっかかっていた釣針をとり戻して、宝物をもらって帰り、子孫を作って日本の国を開いたのです。

この民間説話で、弟の山幸彦が兄の海幸彦に勝って日本の統治権を得るという筋は、南方から海を渡って渡来した海洋民族と、後から来た北方系の天孫民族とが争って、北方系が勢力を得たというように解釈する学者もいますが、もっと普遍的な説話や童話の典型的なパターンとして解釈することもできます。山と海が対立して山が勝つこと、また三人の火にかかわりのある王子がいて、その一番末の王子が水の中に行き、女性と出合って結ばれ、それから国が栄えることなどは、世界のお伽話によく見られる筋です。この話では、山と海、火と水の対立があり、無意識的な海や水に山や火が勝つことで、意識の勝利をあらわし、ものに形ができることを意味しているものと思われます。

そしてまた、ユングは四を完全な数と考えていましたが、お伽話には、最初は三人の息子や三人の娘がいて、いつも三番目の子どもが冒険をして四番目の異性に出合い、それから幸福が訪れるというパターンがあります。『長靴をはいた猫』や、『シンデレラ』はその例ですが、ユングはこれを人間の心の完成の寓意であると考えました。たとえばある女性が、感情、直観、感覚の三つの女性的な心のはたらきを発達させ、意識化していた場合に、最後の一つ、女性であるこの人の無意識の男性像、アニムスが持っている思考のはたらきを自分のものにすることによって、この女性は人間として完成された円満な人格を持つことができます。

いずれにしろ、K君の遊びは、水の中の問題をとりあげること、土の下に埋もれている不安を火で燃やして解消することを意味していたことは確かでしょう。K君が最初、玄関で落葉を掃き清めたがったのも、不安な感じを与える散らばった落葉をかき集めて、たき火をして、その不安の下にあるものを意識化したかったのかもしれません。

この話はK君を担当した心理療法の先生に聞いたのですが、そのとき私の心にすぐに浮かんだのは、実は日本の建国神話ではなくて、《むかしむかしおじいさんとおばあさんがおりました。おじいさんは山にしば刈りに、おばあさんは川に洗濯に》というあの桃太郎のお話です。K君の場合、川で洗濯をしたわけではなく、釣りをしたのですが、桃太郎のおばあさんも大きな桃を釣って帰って来たのです。この日本のお伽話にきまりの語りだしの言葉がついているのは、桃太郎のお話だけではありませんが、桃太郎はその中でも代表的なものです。そこで私は、

「今にK君は鬼ケ島征伐に行って、宝を持って帰るかもしれない」

と、そのとき冗談半分のように言ったのです。ところが遊びによる心理療法が進むうちに、ほんとうにその中に鬼ケ島と鬼がでてきたのには驚かされました。K君はまず無意識の中の攻撃的な気分を釣りあげて、そのエネルギーを自分のものにし、勇敢な男らしい桃太郎に生れ変わります。しか

しこのときにはまだ、おもちゃの機関銃のカタカタという発射音にもおびえるような弱虫でした。

箱の底を水色に塗り、そこに砂を入れて小さな砂場を作り、その上におもちゃの家や木を置き、小さな動物や人形やミニカーを配置して箱庭のような情景を作って遊ぶ『箱庭療法』という心理療法があります。K君はこの遊びが気に入ったらしく、砂箱の右隅におもちゃのヘリコプターを置き、それから赤い二階建てのミニカーのバスを置いて、大勢の人が砂漠に水を求めてやってきたと独言を言いながらバスを砂の上に走らせました。

「水はなかなか見つかりません。あっ、砂嵐が来ました。バスは砂嵐で埋まってしまいます。みんなはどうなることでしょうか」

そう言いながら、バスに砂をかけ始めます。先生はそれではあんまり希望がなさすぎると思って、砂を掘り、下の水色のところをだして、

「ホラ、K君、こうやると水がでるよ」

と教えましたが、K君はそれを横目で見ただけで、

「水は蜃気楼でした」

と言って、バスに砂をかけ続け、全部埋まってしまうとやっと手を休め、しばらくしてから、また

バスを掘りだして、自分で底の青さの見える池を作り、バスの人たちはそこで水を飲んで、無事に帰ることができました。

K君は無意識の力が押えられてしまって、暴力化しているので、恐ろしくて、無意識の水をできるだけ見ないようにしているのです。しかし、そのために気持がカラカラに乾いてしまって、なんとかして安全に水とかかわれるところを探しているようです。水はあらゆるものを洗い流し、ときには急流になって人までさらっていく恐ろしいものです。普段は静かな流れも、嵐には氾濫して、多くの人命や家や家畜を奪い、浜辺には高潮が押しよせて、人を形のない無限に広がる大海の底に引きこんでしまいます。しかし、水があってこそ、人間は生きられるのです。山の木陰にある生命の泉は、こんこんと湧きだして、人の気持に活気とうるおいを与えます。

K君はその後、毎週一回相談に来て、先生といろいろな遊びをしました。陣地を作って戦争ごっこをするのが大好きなのですが、まだ先生がなにもしないうちから、「やられた！」と言って倒れてしまいます。情緒性に問題のある子どもたちは、新しいシャツを着せられたりすると、それを傷つけることが嫌で、まずシャツを汚したり、破いたりしてから着ることがありますが、K君も、先にやられてしまえば、それ以上傷つくことはないと思って、早いところばったりと倒れてしまうのかもしれません。弟がいっしょだと「やっちまえ！　やっつけちまえ！」と弟の後ろのほうからしきりに督戦しますが、自分はめくらめっぽうにまわりの壁をたたいたりしていて、先生のほうにはちっとも向かってこないのです。K君は堂々と一人の敵と対決できない弱虫なのかもしれませんが、あるいは自分のまわりに気味の悪いお化けがうようよいるような気がして、それと戦っているのかもしれません。そして砂箱の上には何度も飛行機を飛ばしましたが、みんな砂漠の中に墜落してしまい、ときどきバスが砂漠をさまよいましたが、いつも砂嵐に巻きこまれて埋もれてしまいました。

桃太郎の誕生

四回目になって、K君の遊びが少し変わりました。おもちゃ箱の中から男の子の人形を見つけだして、眠り病にかかっているからと言って床にたたきつけたり、水をかけたりして目を覚まさせようとします。そこで、先生がお母さんになり、K君がお医者さまになって、二人でお医者さまごっこをして遊びました。

「センセイ、この子はまだ治らないのでしょうか」

と先生がお人形を抱いてK君のところに連れて行くと、K君はお人形を診察し、注射をしましょうと言って、お人形のおなかにナイフをグサリと突き立てて、そこから管で水を入れる遊びです。しかしそれでもこの男の子の人形は目を覚ましそうもありません。そこでお人形をきれいに洗ってほうたいを巻き、先生は次の週までに他の子がいたずらをしないように、おもちゃの棚の一番上にそっとのせて置きました。

その次のときに、最初から部屋の両隅に陣どって、先生と二人でお城の構築とそのこわし合いの遊びになり、K君はなかなか勇敢に戦えるようになりました。しかし、その騒ぎで男の子の人形はとうとう死んでしまうことになり、傍にあったキューピーの人形もけがをしたというので、額に赤チンを塗って絆創膏がわりのテープをはり、おもちゃの棚に戻しました。その後で、水場の水道の栓を全開して、その下に大きな象のおもちゃを置き、

「流れが早いので象が溺れそうです」

と言いました。どうやらK君の心の奥に住んでいるまだ生れない未来の桃太郎は、眠り病にかかっているようです。ここにも生命の水を注射するという考えと、象が水に流されて溺れるという、水の持つ二つの役割、大事な水と恐ろしい水というイメージが重なってあらわれています。K君の気持としては、無意識の力に今にも押し流されそうなのですが、自分の力がなかなかよみがえってこないのです。そして、とうとう男の子の人形は死んでしまいました。

これと同じときに砂箱の中に作られた情景は、今までの乾き切った砂浜とは違って、右手のほうに大きな沼が掘られ、K君は箱の底に塗られた水色を見るだけではもの足りなくて、ほんとうの水

をその中に入れました。象や虎が水を飲みに来ていますが、水の中からは恐ろしいわにがはいだしてくるところです。箱の中央には、ジャングルがあって、むかでやさそりがうようよし、鹿がライオンに喰い殺されています。しかし、左隅のほうからゴリラが鹿の一群を引き連れて、殺されかかっている仲間の救援にかけつけてくるところです。いっしょに部屋の中で遊んでいた弟が、反対の隅を小さく柵で囲って、ヘリコプターを置き、まわりにインディアンや普通の人や、小さい人形をたくさん並べて人間の国を作りました。そうしたら、K君はすっかり怒ってしまって、人間は悪い奴だからと言って沼の中にみんな沈めてしまいました。そして、自分のほうの左隅に、人間の作ったおとし穴というのを掘り、その中にバクを一匹落しこみました。そのとき、突然、ゴジラがあらわれて、他の動物をみんなやっつけ、砂の中に埋めてしまったのですが、ゴリラだけは生き残ってゴジラと戦い、今度は反対にゴジラがやられて埋められてしまい、他の動物はもう一度掘り起こされて助かりました。しかし、人間だけは嘘をつくからと言うので、水の中に沈められたままでした。やがてゴジラも許されて、「もう悪いことはしません」と謝り、動物の世界には平和が訪れました。バクがはまっていたおとし穴は、きれいな湖となり、ゴリラがボートを浮かべて遊ぶ楽しい遊園地になりました。

これまではいつも乾いた砂漠で、バスがさまよったり、飛行機が墜落したりしていた砂箱の中に、いよいよK君の無意識の奥に眠っていた虎やわにやライオンが暴れている光景があらわれました。むかでやさそりもいるようです。人間がおとし穴を作ったり、すべて水に沈められてしまったりするのは、これまでにいろいろのことから傷ついて、もう人が信用できなくなったK君の孤立した気持をあらわしています。その中でゴリラだけががんばって、なんとか全体の調和をとり戻し、平和な世界を作りたいと努力しているようです。

猿は人間より毛が三本足りないなどと言われますが、ゴリラは無意識の中で育っているK君の強い新しい自分、まだ一人前にならないK君の自我のようです。インドの叙事詩の『ラーマーヤナ』では、ラーマ王子は魔王ラーヴァナに妻のシーター王姫をさらわれてしまいます。そのラーマ王子を援助して、シーター王姫の救出に、猿の英雄ハヌマットが大活躍をします。また、『西遊記』の中で、三蔵法師を援けて西方に経典を求めて旅立つ孫悟空は、そこら中で大暴れするいたずらものですが、さまざまな危険を切りぬけた後で無事に役目を果たし、一人前になります。K君の砂箱の中で活躍するゴリラは、いずれ生れてくる強いしっかりした新しい彼である桃太郎の前身と言えるでしょう。

また、人間の作ったおとし穴がゴリラの遊ぶ湖に変わるのもおもしろいと思います。無意識の世界は、うっかりしていると、足を踏みはずして落ちこんでしまう恐ろしいおとし穴のようなところです。K君は裏切られた思いや、自分の気持がわかってもらえないで、悲しい思いをしたときに、よく無意識の世界に落ちこんで、自分でもわけがわからず大暴れしました。しかし、その同じ無意識への通路も、上手に自分でコントロールして使えば、いろいろな楽しいファンタジーを運んでくれて、K君を楽しませ、のんびりさせてくれる遊園地の湖になります。私は別の子どもの作品の中でも、最初はおとし穴だったところが井戸に変わり、そこだけに人が飲めるきれいな水があるというので、みんなが水を汲みにくる情景に出合ったことがあります。子どもたちは本能的に、無意識とそれをあらわす水の、尊さも恐ろしさもよく知っているようです。

さてその次の回には、砂箱の中にまったく劇的な情景が展開されました。最初右手のほうに前回と同じように、K君は大きな沼を作り、水を入れました。その沼は右はじまで広がって海になりました。そして左手の陸地に一台のミニカーのブルドーザーを、また砂箱のふちにはラッパ手の人形を一人置きました。そして、

「パンパカパーン」

と、トランペットのファンファーレの音を口真似しながら、左手でブルドーザーで砂を右手に押し進めて、海の干拓工事が始まりました。砂箱がすっかり陸地になったところで、K君はその真中に小さな丸い湖を作り、それに自分の名前をとってK湖と名づけました。水がまわりから穴にしみこ

んで、そこはたちまち水が溢れだしました。まわりの砂が、どんどん湖の中に崩れこむので、色とりどりのプラスティックのブロックで護岸工事がなされました。そして手前のところは積木で四角に、しっかりと囲いました。その形はちょうど帆立貝のようでした。左手にあまった砂を二つに分けて積みあげた小山は、なんとなくお母さんのおっぱいのようにも見えました。

それからK君は湖の中にどろどろの砂で島を作り始めました。水は溢れて左手のお母さんのボインちゃんのほうにまで流れだしました。そこで、K君はブロックの囲いをとり、左手に流れだす水をせき止めて、そこを動物たちの水飲み場にしました。

「もっとたーかくなーれ、天までとどくほどたーかくなーれ、この山は東京タワーより高いんだぞ」とうとう湖は砂箱の中央やや左よりに丸くいっぱいに広がり、その真中に高い山を持つ大きな島ができました。そして右手にはこれから成長するK君自身をあらわすように、すくすくとのびた背の高いおもちゃのポプラの木が一本置かれました。

お伽話の中では、よく島には巨人族だとか、鬼やお化けが住んでいます。第一章でご紹介したセンダックの絵本の中でも、海の遠くの小島には、恐ろしい怪獣やお化けが住んでいました。もし、海が無意識をあらわすものであるとすれば、新しくできた離れ小島は、生れたばかりの小さな意識で、まだ自分ではうまくコントロールのできない無意識的な情緒が暴れまわっているところです。

だから、島には鬼どもが住んでいるので、それを征伐して鬼どもの力を自分の統治下に置き、新しい力を持った自分をしっかり確立しなければなりません。さて、そういうわけで新生の力で湧きかえっている鬼ケ島は生まれましたが、これを征伐する桃太郎はどこにいるのでしょう。

K君はその次に来たときには、金髪のかわいい女の子の人形をとりだして、この子は悪い子だからと言って、ナイフで突きさしたり、バットやハンマーでめちゃめちゃにたたいたりしていじめました。そして手足を引きぬいてバラバラにしてしまい、水の中につけて、髪の毛もみんなむしりとろうとしましたが、なかなかぬけないので、お人形の上に自動車や家を積みあげ、それでも気がすまないで、たまたまいっしょについてきた弟に、その上に乗って押しつぶすように命じました。弟がこわごわ、小さな声で、

「これは人じゃないよね。人形だよね」

と、たしかめると、

「バカッ！　もちろん女の子だぞ」

と声をあげて叫びます。それで女の子の人形はとうとう死ぬことになりました。

それから前にお城をこわしたときに死んだ男の子の人形をとりだして、その上に積木で子どものお墓を作りましたが、やがてそのお人形をとりだすと、女の子の人形と並べて寝かせ、心臓移植の

遊びになりました。それから男の子の人形を立ちあがらせ、

「この子は生き返った。さっきの子の魂が乗り移ったのだ」

と言いました。さらにお城が崩壊したときにいっしょにけがをしたキューピーもとりだして、傷にはってあったテープをはがし、

「この傷も治った」

と言い、そこにあった赤インクのびんを壁に投げて、パッと壁に散った赤い色を見ながら、

「血だ！　ボクも傷を負ったのだ」

と言いました。そして最後には積木やおもちゃのボーリングのピンを部屋中に投げとばし、とうとう高いところにある窓ガラスを割ってしまいました。

これは死と再生の主題に基づく一大ドラマです。これまでの弱い意気地なしのK君は一度死んで、強くて男らしいK君に生れ変わらなければならないのですが、K君はそれを女の子と男の子の人形を使って寓意的に演じ、それだけでは気がすまなくて、赤インクをまき散らして自分の再生の苦しみをあらわし、気持をたかぶらせて、窓ガラスまで割ってしまいました。K君がなんとかして、自分を変え、もっと強い子になろうとする半分無意識的な努力は、その相手をした先生から話を聞いただけでも、痛ましいほど身近に感じられました。

しかし、桃太郎はなかなか生れませんでした。この頃のK君はイライラして、おもちゃ箱の中の少しでもこわれかかったおもちゃは、「こわし工場だ」と言って、みんなハンマーでたたいて完全にこわしてしまうので、K君が来ると他の先生たちが、あわてて良いおもちゃを隠してしまいました。先生に向かってこわいほどの力でボールや積木を投げつけたりしました。こんなときのK君は、暗いどこを見ているかわからないような目つきになって、恐ろしい感じがしたそうです。家に帰っても沈みこんでいるかと思うと急に暴れたりするので、お母さんは内心、相談などに行ってかえって悪くなったのではないかと心配されたかもしれません。心理療法は始めてしばらくすると、一時的に症状が悪化したり、問題が大きくなったりすることがあります。そんなときには、先生もお母さんも自信を持って、経過を見守る勇気と我慢が必要です。K君自身も、自分の分身のようなおもちゃの男の子を窓から下に落としてはとりに行く遊びを繰り返し、自分が落下するようなスリルと、再び自分をとり戻す感じをしきりと味わっていたようでした。桃太郎は生れかかっているようですが、桃の固いしんがなかなかうまく割れないのか、中で大暴れしていたのかもしれません。

こんな遊びが二回ほど続いた後で、K君は砂箱の中央に再び積木で囲んだ丸い湖を作りました。そして中に水を入れ、そこに家を一軒沈めて、その上にドロドロの砂をかぶせて島を作りました。

さらにその上に積木をのせて、門の形を作り、最初は門だと言っていたのですが、その上にまた積木を重ねて人の形を作りました。この人は一度死んで生れかわったのだそうです。そしてその人の肩のあたりからドロドロの水をかけて、

「こんなところまで水があって、溺れそうだったんだ」

とつぶやきました。それから最後に積木を崩して下から家をとりだし、部屋の外に投げ棄てました。さらにもう一つの砂箱の手前を全部海にして向うの陸地の上に積木で塔を作り、この塔は先生の顔で、陸地は先生島だと言っていたのですが、手前の海の水を塔にはねちらかしたりしているうちに、それは鬼の顔になり、おもちゃの弓矢で、その塔を射倒して、

「鬼ケ島征伐だ！」

と叫びました。ここでちょっとおことわりしておきますが、、K君の遊びを見て、誰も桃太郎のお話をしたわけではなく、先生もK君と遊んでいる最中に、桃太郎の鬼ケ島退治を思い浮かべたわけでもありません。これはまったくK君の自由な創造による遊びで、それが自然に桃太郎と同じような筋になっていったのです。桃太郎はやっと苦しみの末に生れて、門を開き、家を投げ棄ててこれから鬼ケ島に征伐に向かうところです。ここでは先生は鬼にされてしまって、海の向うの先生島である鬼のすみかには、ひたひたと波が寄せているのが見えてきました。それはK君が相談に来るよ

うになってから二カ月半ぐらい経った頃のことでした。

鬼ケ島の光景

K君は次の回からは、水で湿った砂はいやだといって乾いた砂の上におもちゃを置くようになりました。そして、いよいよ鬼ケ島の情景があらわれました。砂箱の左よりの向う側に大きな積木で家が作られ、その中に鬼の大王である真赤な怪獣のガラモンが、こちらを向いて立っています。その前にはねずみが二匹、捧げものの餌として置かれ、ゴジラやエビラやバルタン星人などの怪獣が、地獄の赤鬼や青鬼のように、右のほうを向いてガラモン大王の番人をしています。左手前にはK君の家があり、ゴジラのしっぽからK君の家まで太い管が引かれていますが、それは怪獣の排泄するガスを家の暖房に使うためだそうです。さらに左の隅にはベンチが一つガラモン大王と向かい合わせに置いてありますが、そこは鬼の大王とにらめっこをするところです。その他にも手前のほうにはは犬や豚や象のおもちゃが置かれ、力強そうな蒸気機関車のベンケイ号もあります。ここでK君はペットに怪獣たちを飼っているのだそうです。怪獣たちは餌の注文が難しくて、買出しやら、糞の掃除でとても忙がしいとのことです。またガラモン大王が散歩したり、ショッピングに行ったりするときには、踏みつぶされる恐れがあるので、家や他の動物たちはみんな地面の下に隠れてしまうとのことです。

どうやらK君の鬼ケ島征伐は一風変わっているようです。鬼を暴力で征服するのではなくて、鬼を用心深く飼いならし、鬼をよく観察して、その力を自分のものにしようとしているようです。怪獣の排泄したガスを家の暖房に使うなどというのは、なかなかおもしろい思いつきです。無意識がかもしだす雰囲気は、ほんとうは人の心を温かくする情緒性を持っているのです。人間や犬や豚の世界と怪獣の世界は柵でしきられていますが、普段はうまく共存しています。しかし、ときどき鬼の大王がおもちゃの小さな買物籠を手にかけて積木の家からでてきたり、他の怪獣たちがレスリングをしたりして遊ぶときには、柵をとって家や動物たちは危ないからというので、みんな片づけてしまいます。そして、砂箱の外には、怪獣たちが暴れすぎてけがをしたときの用意に、赤チンのびんや救急車を置きました。こうしてK君は、無意識の中の鬼どもにも、細かい心づかいをしながら、一所懸命に鬼とにらめっこして、この無意識のエネルギーの動きを観察するようになりました。

次の回、落葉が散りかけた初秋から始めたK君の心理療法も三カ月ほどたって、クリスマス近く、冬休み前の最終回になりました。K君の作った箱庭の作品の中央の向う側には鬼の大王ガラモンの積木の家が置かれました。その前には餌があり、手前のほうにはK君の家が置かれました。前にベンチがあったところには、真赤な四角い積木の台があって、そこはK君と頭文字が同じなので、一番ごひいきの怪獣であるカネゴンが演説をするところです。右側には、今度は中央のほうを向いてゴジラやエビラやバルタン星人がいます。カネゴンはねんどで作った蝶ネクタイをつけて、紳士気どりで立っています。そこに、赤ちゃんが指揮する人間の一団が、ダンプカーに乗って強盗に入りました。しかし、赤ちゃんはカネゴンに捕まってしかられますが、うまくカネゴンと話し合いをつけて、鬼の仲間に入れてもらい、赤い台の上に楽隊を連れてきて、赤ちゃんの合図で音楽演奏が始まりました。

盗みは日常の生活ではひじょうに悪いことですが、意識の世界から無意識のエネルギーを盗みにどろぼうに入ることは、けっして悪いことではありません。神話やお伽話の中には鬼の世界に押し入ったこの赤ちゃんのような、盗みの話がでてくるときもあります。たとえば、ギリシャの神さまのヘルメスは、赤ちゃんのときにゆり籠からぬけだして、アポロンの牧場に盗みに入りました。そして五十頭ほどの牛に鞋《あさぐつ》を後向きにはかせて連れだしたので、アポロンは牛が牧場に入った足跡だけで、出て行く足跡が見つからず、誰が盗んだのか見当もつきませんでした。そこでヘルメスは、すまして母親のところに帰り、亀の甲羅に牛の腸のすじを張った竪琴を作ったりして遊んでいました。しかし、結局アポロンに見つかってしかられて謝り、竪琴と引きかえに許してもらいましたが、話上手なヘルメスはうまく取引きして、その上、魔法の力を持った杖と、空飛ぶ帽子や靴までもらってしまいました。

このヘルメスの幼時期の物語は、K君のイマジネーションの世界の赤ちゃんのどろぼうと、よく似ていると思います。すばしこくて、身変りが早く、神々のお使いをして天上界から冥界にまで飛んで行くヘルメスは、商工業や弁舌、交通の神として知られ、また変身に巧みなところから、錬金術師たちにも、神として祀られました。また、ヘルメスのようないたずらをする神話や民話の主人公は、トリックスターとも呼ばれて、神さまから火を盗んで、人間の世界に新しい意識の光をもたらしたり、沈滞した空気をかき乱して、そこから新しいものを作りだす役割を持っています。子どもたちはいたずらをしたり、変身をしたりするのが大好きですが、その意味からは、ヘルメスは子どもたちの神さまとも言えましょう。

K君の砂箱の中では、赤ちゃんの巧みな弁舌と取引きによって、人間たちは鬼どもと仲良しになり、ガラモン大王の家の前のおもちゃは片づけられ、音楽の演奏とともに、人間たちは輪になって踊り始めました。人間は悪いことをするというので、最初のころに水の中に沈められた人形たちが、ここで初めてK君の手によって砂箱の中に置かれました。楽しいクリスマスがやってきます。

「ジングルベル、ジングルベル、さあみんないっしょに踊ろう」

ゴジラは抱えていたバズーカ砲から、クラッカーの祝砲を打ちあげ、紙テープの飛ぶ中で、人も鬼もみんないっしょになって踊ります。そして夜も更けると、人間たちは鬼たちから怪獣の卵だというピンポンの玉の宝ものを貰って、ダンプカーで引きあげましたが、鬼どもはその後も一晩中踊りあかしました。

K君はこうして、鬼を退治するのではなく、鬼といっしょに遊んだり踊ったりして、鬼の宝ものを獲得し、無意識のエネルギーを自分で自由に使えるようになりました。人間と鬼が入り乱れて輪を描き、紙テープの舞う中で踊る最後の大団円はすばらしい終幕です。K君は無意識の中に住む鬼どもと親しむにつれ、現実にまわりにいる人たちもこわくなくなり、誘拐されるという不安もなくなりました。そして悪いことをするという人間を許してやれるようになったのです。このころからK君は、やっと少し学校に行かれるようになりました。

その後K君は、海底火山の大爆発の情景や、小さな豚を犬のつもりで連れているキューピーの西郷さんの銅像が見下ろす地底の世界、あるいは地底の世界のそのまた下にある砂漠に住んでいる何億万年も前のバルタン星人のうさぎや、ゴジラのねずみが対決している箱庭の情景などを砂箱の中に作り、これらの古代の動物たちや、人間の先祖であるキューピーを、タイム・トンネルを越えて地上に連れだす冒険などを考えだして、先生といっしょに遊びました。そして、学校ではすばらしい海底都市の絵を描いて、校長先生から賞状をもらい、相談に来るようになってから一年後には修学旅行にもみんなといっしょに行かれるようになったのですが、そのころから、予想していたように良い子の弟のほうが少し荒れだして、先生は二人いっしょに面倒を見るようになり、結局、この子どもたちがすっかり元気になって先生から離れ、独立していくまでには二年間もかかりました。

ずいぶん長くなりましたが、子どもの無意識の中から自然に生れてくるファンタジーの中には、神話やお伽話の世界が、生き生きと流れていることをわかって頂きたくて、K君について少し詳しく書きました。子どもたちはお伽の国に住んでいるのです。K君のように情緒性に問題があって、短期間に急速に自分をとり戻したような場合には、ついている先生の観察や記録があるので、はっきりと見える場合が多いのですが、別になにも問題がなくても、気持が心の中に向かい、いろいろとファンタジーを思い浮かべるようなときには、どんな子どもでも、楽しいお話を作っているのです。子どもたちは、なかなか他人には話しませんが、みんな自分の神話やお伽話を持っています。それは子どもたちが、ハラハラ、ドキドキしながら冒険漫画を眺めていたり、テレビのアニメの世界にひたっているときの瞳の輝きを見るだけでもよくわかります。

影の領域

ところで、子どもが砂箱の中に作って遊ぶ箱庭の作品の説明で、左のほうとか、右のほうとか、方向を示しましたが、それは私たちが普通ものを考えるときに、本能的に左のほうが暗く心の奥の無意識の世界に向かう方向であり、その反対に右のほうは明るい心の外の意識の世界に向かう方向であると感じるからなのです。これは左利きの人でも同じです。最近日本でも翻訳がたくさんでだしたアメリカの女流ファンタジー作家であるル・グィン夫人の代表作に『闇の左手』という作品がありますが、その中には無意識の中の影のようなものの恐ろしさがよく描かれています。

また円を描いて廻る十字であるまんじの形は、左廻りはブラック・マジックといって、人に呪術をかけるときに使う印、右廻りはホワイト・マジックといって、呪術をかけられた人が、それを解くときに使うおまじないの印だといわれています。また右廻りのまんじは吉祥を意味して、日本ではお寺の印に使われています。左廻りのまんじが廻りかかった図型の代表的なものは、ナチス・ドイツが使ったハーケン・クロイツの紋章で、あの旗を見て、ユングが、

「あれはブラック・マジックの印だから危険だ」

と言ったという話が伝えられています。

しかし、左に廻ったり、左に向かったりすることは、いつも悪い意味を持っているのではなく、たとえば、仏教に古くから伝わる古文書では、左廻りのまんじはこれから現世を離れて修業に入る

とき、右廻りのまんじは、修業を完遂してより高い人格を獲得し、日常の生活に戻ることを示すのに使われています。左向きは退行的で無意識に向かう方向ですが、人間のほんとうの生命力は無意識の世界に埋れているのであって、その力を得ることは仏教の悟りの世界にも通じます。そして再び右向きで示される意識の世界にその力を持ち戻るのです。

おとなが、子どものファンタジーの世界に入りこもうとするときに、こういうような無意識の世界に存在していると思われる人間の心の幾つかのパターンを知っていると手がかりになります。たとえば海は無意識の象徴であるとか、島はその無意識の大海に生れた意識であるというような考え方は、そのパターンによったものです。ユングはこれらの人類の文化に普遍的に見られる無意識に根ざした特殊なイメージのパターンを、元型的心像《げんけいてきしんぞう》と呼びました。それは古代の神話や伝承的なお伽話などに見られるだけではなく、すぐれた作家による現代の創作童話にもあてはまります。これらのイメージは、ほんとうに童心を持った作家の心には、自然に浮かびあがってくるものなのです。そして、このようなパターンにぴったりとはまる童話は、かならず子どもたちの心をとらえ、古今の名作として伝えられます。メーテルリンクの『青い鳥』や、ジェームズ・バリの『ピーター・パン』などはそのよい例です。ピーター・パンの存在は、個人の作家が作りだしたものであるにもかかわらず、昔から伝えられて、いつまでも生きている古典的なお伽話の中のイメージのようです。

現代の作家の作品では、たとえば、イギリス最高の児童文学賞といわれるカーネギー賞を受賞したL・M・ボストン夫人のものなどが、やはり典型的な元型的心像のパターンを持っています。彼女の一連のグリーン・ノウ物語の第一作『グリーン・ノウの子どもたち』では大洪水の中を子どもがおばあさんの家を訪れます。この水が意識とファンタジーの世界との境目なのです。そしてどしゃ降りの雨とともに、子どもは自然に無意識の夢の世界に入りこみ、もう死んでしまった亡霊のような昔の子どもたちと楽しく遊ぶことのできる、川に囲まれたおばあさんの家に到着します。大雨の中でしだいに現実感が薄れてファンタジーの世界に近づくので、おばあさんの家で少しぐらい変なことが起こっても、ちっとも不思議に感じません。そして、昔の子どもがかわいがっていたという何百歳にもなる魚を見たり、小鳥が探しだした鍵で、昔の子どもたちのおもちゃ箱を開いたり、とっくに死んだ名馬のいななきを聞いたりしているうちに、鏡のうしろや森の茂みから、昔の子どもたちが姿をあらわします。

第三作の『グリーン・ノウの川』では、子どもたちは、さまざまな川遊びをして、まったく自由な、しかし、孤独な生活をしている世捨人や、ペガサスのように空飛ぶ馬たちの住む島を発見します。空飛ぶ馬は子どもたちのファンタジーを作る原動力のようです。またある島には、ちゃんと巨人が住んでいます。その人はほんとうの巨人のように大きな体をしていて、いやいやながら人から隠れて生きていたのですが、子どもたちとすっかり仲良くなり、最後にはサーカスに出演して大スターとなって、子どもたちを喜ばせます。この話はどこか、箱庭療法のK君の作品の中の島に住む怪獣と仲良くなるストーリーを思わせるところがあります。

子どもたちが水遊びをしていると、水は鏡のように見えます。そして無意識も鏡のようなものなのです。そこにうつるのは、子どもたちが逆になった影です。もし内向的な子どもだったら、その反対の外向的な傾向が無意識の中に残るように、無意識を見つめれば、かならず同じ自分でありながら、全然違う性格を持つ神秘的な影がうつります。子どもたちは自由に楽しく遊ばせておけば、いろいろの性格を持つ他の子どもたちと無意識的なつながりを持ち、自然に自分の影の面を知って、その面も発達させるようになるのです。おとなにとって影の存在を知ることは恐ろしい経験ですが、子どもにとっては、それは水にうつる影と遊ぶような楽しいものです。その姿を、ボストン夫人は次のように描写しています。

ビンは平底舟のはしではらばいになり、両手をひじまで水につけていた。そして水の上で黒と金色に輝いている、もう一人のビンのことを考えていた。アイダは水面すれすれのところで、指を蚊の足のようにうごかし、水中の別の指がそっくり同じようにうごいてさわりにくるのを観察していた。オスカーは日焼けしたすらりとしたからだでつっ立っていた。と、もうひとりのオスカーが、まさしく同じ姿で、美しく水の中につっ立っていた。「どっちがほんとうのあんたたちなのか、わからないわ」とアイダが言った。

「これとぼくとは腕をなかまにして使ってるんだ」とビンが答えた。「むこうはひじのところまでぼくをつかまえているし、ぼくもむこうをつかまえている。シャムの双生児みたいにね」

するとオスカーが言った。

「ふたりになってるのは、こっちが水の上にいるときだけなんだ。もし水にもぐれば、ぼくはむこうの中にそっくりすべりこんで、ひとりになってしまう。となると、下にいるのがほんもので、ぼくはただの水の幽霊かなんかだっていうことになるのかな？　やってみよう。」

かれはひらりと飛びこんだ。アイダはふたりのオスカーが出合って、溶けあい、ひとりだけになって泳いでいくのを見た。アイダはじぶんがひどくみじめな気もちになっているのに驚いた。

「もういちど、上がってきてほしいわ。」

アイダは心配そうにあたりを見ながら、言った。すこし離れたところに、オスカーの頭がひょいと浮かび上がった。

「オスカーはあそこにいる」とビンが言った。「この舟にきてよじのぼるのが、ただの水の幽霊でないとしたら——なんだけどね。」

「どうせそうなら、みんな水の幽霊になりましょうよ」とアイダが言った。そしてふたりはとびこんだ。

（亀井俊介　訳）

こうして子どもたちは水にうつる自分の影、無意識のイメージと腕を組んだり、一つに溶けあったりまた別れたりしながら成長します。それはほんものになったり、お化けになったりすることです。そして交互に水に飛びこんで、お互いに心配しあったり、みんなでいっしょに飛びこんで、無意識の中で水の幽霊になって、自分の影と親しみ、それぞれの性格をお互いに吸収しあっておとなになるのです。

ボストン夫人がカーネギー賞を受賞した作品は、『グリーン・ノウのお客さま』というのですが、これは子どもと、動物園から逃げだしたゴリラのあいだに生れた秘密の友情についてのお話で、彼女の作品としては、写実的で社会的問題を背景にしたものですが、K君の作品のところで説明したように、ゴリラをこれから育つ無意識の世界の子どもの分身として考えると、この物語はさらに深い意味を持ってきます。その他にもこのグリーン・ノウ物語は、海岸で拾った力の石や、魔法玉が威力を発揮する『グリーン・ノウの魔女』とか、『グリーン・ノウの煙突』など、すべて無意識の世界のイメージに溢れています。

作者のルーシー・ボストン夫人は一一二〇年に建てられたという古い家に住み、庭にはバラやたくさんの木を植えて茂るにまかせているそうです。彼女は六十歳を過ぎてからこの物語を書きだしたということですが、老人と子どもの世界は相通じるものがあり、彼女はその年であったからこそ、こんな古典的なストーリーを持ち、すばらしい象徴的なイメージを豊かに持つ子どもの話が書けたのだと思います。ボストン夫人は長い人生の経験から、無意識の世界をよく知っているのです。そして、子どもたちといっしょにお伽の国に遊ぶことができるのです。私もそろそろボストン夫人が子どもの話を書きだした年齢に近づいてきましたので、そのうちに是非、子どもたちといっしょに楽しめる物語を書いてみたいものと思っています。

第六章　夢と心のかかわり

子どもの夢

何歳頃のことだったか、どうしても思いだせないのですが、私は子どもの頃の印象的な夢を一つだけ、ひじょうによく覚えています。夢の中のことですが、なんでも地球にものすごく大きな彗星がぶつかるかもしれないというのです。地球はそのために滅亡するだろうと言ってみんなが大騒ぎしています。仮にうまくすれ違うとしても、彗星の尾に巻かれてそこら中が火事になるだろうということでした。いよいよその日がやってきて、私は窓からどうなることかと夜空を眺めていました。

やがて、真暗な空から丸い緑の光につつまれた大きな球体が静かに降りてきました。しかし、それは彗星ではなくて、土星の輪のような虹色をした帯のようなものをつけていました。幸い、星は、はるか彼方の地平線の上に降りてくるようでした。だから直撃を受けることはないと思ったのですが、それでも、あんな大きな球体が地球にぶつかったら、地球が割れてしまうかもしれません。そのうち星は中空にとまると、まわりの帯のようなものを、まるでメッセージでも送るようにハラリと落としました。それは虹色のリボンのようにふんわりと地上に向かって落ちました。そしてその緑光に包まれた球体はまた静かに夜空に昇っていってしまいました。それがだんだん小さくなって普通の星のよりに見えるくらいになってから、やっと私は地平線上に目をやりました。星の帯は地平線の向こうに落ちたらしく、そのあたりが火災でも起こしたのか、ぼーっと赤くなって見えました。しかし私の周囲は相変らず真っ暗で、虫の音一つ聞こえない静かな夜でした。

この夢は多分、誰かにハレー彗星の話でも聞いたのであらわれたのかもしれません。よく考えると五、六歳のころの夢のように思うのですが、あるいはもっと小さかったか、もしくは大きかったか、よく覚えていません。しかし、暗い夜空に輝く緑のボールのような星と、オーロラのような星の帯が舞い降りる光景は、今でもはっきり覚えています。そしてそのときの奇妙に静かな、それでいて心ざわめく感じも忘れられません。私は広い意味での精神分析の一つであるユング心理学を学んだので、夢の解釈は得意なのですが、この夢はこれまで自分で解釈したことはありません。解釈をしようにも、あまりにイメージが強烈で、今までのところどう考えたらよいのかわからないのです。しかしそれが私にとってはひじょうに大事な夢であって、そのとき起きた火災が今でも心のどこかで燃えつづけ、私の心の一つのよりどころになっていることは事実です。

それは最初は世界滅亡のイメージだったのです。それが不思議な天体との接触、メッセージの投下、そしてはるか遠くの火災、あたりの静けさという形で終わりました。そして私にとって、この夢の解釈よりもっと大切に思えることは、この夢のイメージとそれがもたらした不思議な感じを、じっと心の中に温めておくことのような気がします。私はあまり子どもの夢は解釈しないことにしています。子どもの場合に、一方的なこちらだけの考えで、早急に夢に意味を与えることは危険ですし、かえって、その夢があらわれたほんとうの意義を損なうように思います。もしかしたらその夢は子どもの成長とともに、心の中に秘められたまま育ち、いつかほんとうの姿をあらわすものかもしれないし、いつまでも心に残って、その人が生きる神秘的な力の一つになるものかもしれません。だから、子どもたちが夢の話をしてくれるときは、心をこめて聞きますが、それについてなにかを考えることで変な影響を与えたりすることがないように努めています。

ユングも三歳か四歳のころに、覚えているかぎりでは最初という次のような夢を見たと自伝の中で述べています。それは、お城の近くにぽつんと立っていた彼の父の牧師館の裏手に広がる牧場にいて、突然、四角い、内壁を壁で囲った暗い穴を見つけ、こわごわ石段を降りてみたという夢です。その底には半円形のアーチになった入口があって、緑のカーテンが閉まっていました。それはどっしりした綿織りのカーテンで、好奇心にかられてその奥をのぞくと、十メートル四方ぐらいの部屋があり、丸天井は石でできていて、床にも石が敷きつめてあり、入口から真中の低い壇まで赤いじゅうたんが敷いてありました。その壇の上には豪華な黄金の玉座があって、その上になにかが立っていて、直径五、六十センチ、高さが四、五メートルもあり、とてつもなく大きくて、天井にとどきそうでした。それは皮膚と肉でできていて、上には丸い頭のようなものがあり、顔も髪もなくて、ただてっぺんに目が一つついていていてじっと天井を見つめていました。そして窓もないのに頭上はぼうーっと明るくなっていて、動きもしないのに、今にもこちらに向かって這いだしてくるような気がしたそうです。そのとき母親の声がして、「そら、よく見てごらん、これが人喰い鬼だよ」と言ったので、ものすごくこわくなって目が覚めたということです。

これが有名な、ユングの幼時期のファルスの夢です。彼によれば、牧場の穴はお墓で地下の寺院を意味し、緑のカーテンは草に覆われた大地の神秘、そしてじゅうたんの赤は血の象徴であろうということです。ユングはその頃、お祈りの文句を誤解していて、イエスさまを人喰い鬼ではないかと思っていたのですが、そのときの母親の言葉は、これが人喰い鬼なのか、これは人喰い鬼だったのか、いつまでも考えたそうです。これが人喰い鬼ならば、イエスさまではなく、そこにあったファルスが人喰い鬼だと考えられるのですが、これは人喰い鬼だと母親が言ったとすると、イエスさまはほんとうはそんな恐ろしい形をしているというようにも考えられたからです。

いずれにしろ、この夢の中のファルスは、地下の、口にすべきではない神であって、この恐ろしい半身のことを考えると、ユングはイエスさまがどうしても現実のものとしては受け入れられなくなり、愛することもできなかったのです。この夢は一生ユングの心の中に残って彼の考えに影響を与えたということです。このように、子どもの頃の最初の印象的な夢は霊的な性質を持っていて、長いこと、場合によっては一生、その人の心に残り、それを思いだすたびに、どこか恐ろしく、また魅力的な雰囲気をもたらすことがあります。こういう夢は解釈することができません。それは夢を見た人の生命力のようなものであって、折にふれて、それぞれ違った深い意味を持って考えられるからです。

夢の中には、日常の生活の反映である比較的に軽い感じのものと、このように一生残るような大きな夢があります。こういう大きな夢は、簡単にこういう意味があると断定することができません。たとえばユングの夢のように、それは埋もれた宗教的なもので、大地の神秘とかかわり、血のように生きているということはできますが、それから先はあまりにも大きな意味を秘めていて、なにも言うことができません。私の不思議な天体が接近する夢にしても同じことです。フロイト派の精神分析家ならば、そこに幼時期の願望や、性的欲求、その他多くの隠された意味を発見するかもしれませんが、そうしたところで、この夢を思いだすたびに、わきおこるなんともいえない不思議な、戦慄と喜びの入りまざった感じに対するなんの説明にもなりません。だから、夢の中のことはいえ、こういう大きな神秘をだれかとわかち合うときには、ほんとうに慎重でなければなりません。夢は強い力を持っていますが、砂上の楼閣のようにもろく、あっという間に消えうせてしまうこともあるのです。

これはとくに子どもの場合はそうです。子どもたちはまだしっかりと現実の世界に生きているわけではありません。そしてときには夢の世界と現実の区別がよくつかないこともあります。ウィックス夫人は、このことについて、おもしろい例をあげています。五歳と三歳半になる姉妹が、朝早く起きてはお互いに夢について話し合っていたそうですが、ある朝、妹のほうが言いました。

「今日は私の夢は言わなくてもいいの、お姉ちゃんも夢の中にいたから、よく知っているでしょ」

「でも、それは私の夢じゃないから、いくら私がその夢にでてきたからって、話してくれなければわかんないよ」

「だって、ちゃんといたじゃないの、この目で見たんだから」

こんなことを話しているうちに、とうとう妹のほうが泣きだして、

「いじわる、ちゃんとそこにいたわよ、今でもお姉ちゃんがいたのを目にうかべることができるんだから。どうしていなかったなんていって、私のことをからかうの」

三歳半ぐらいの子どもにとって、夢と現実はこれくらい混同していることがあります。だから、夢についてうっかりしたことを言って、せっかく仲良くいっていた子どもとの関係をぶちこわしてしまわないように気をつけなければなりません。


しかし、子どもが夢を話してくれるときはなにも考えないようにするといっても、他には考えられないほど、明確な意味を持っているように思われるものもあります。たとえば、ある子どもは次のような夢を話してくれました。

「あのね。森の中にたくさんの兎がいてね。毎日楽しく遊んでいたんだけれど、一匹の兎のお母さんが死んじゃったんだ。それで、その兎はカンガルーのところにあずけられたんだよ。そして、カンガルーのお腹の中に入って、とても楽しかったんだけど、お母さん兎はほんとうは死んだんじゃなかったんだ。そこで、またお母さんのとこに戻ることになったんだけれど、そうすると、

カンガルーのお腹が淋しくなるだろ。だから、今度はバンビがカンガルーの子になるんだよ。兎とバンビじゃどっちがかわいいかな。やっぱりバンビかな。でも、バンビの養子がなかなか見つからないんだ。そうするとカンガルーはかわいそうだよね。だから兎はカンガルーといっしょにいることにしたんだよ。そしたら、ライオンのお父さんがいてね。あれ、ライオンだったかな、トラかな、それともチータだったかな。ボク、よくわかんないや」

これは、五歳の男の子の夢です。彼がまだお母さんのお腹の中にいたときに、お父さんが事故で亡くなってしまったのです。お母さんは、それでも婚家にとどまって、彼が三つになるまでいっしょにいたのですが、まだ若いのだから再婚をしたほうがいいというので、子どもを婚家先において、亡くなった夫の友人と結婚しました。そこでおばあさんが母親がわりになったのですが、子どもにとっては、どうしてお母さんがよそに行ってしまって、おばあさんがお母さんになったのか、よくわからないのです。お母さんは商売上の取引もあって、ときどき戻ってくることもあり、彼もお母さんの新しい婚家先に遊びに行ったりしていました。

ところが、お母さんに新しく子どもができました。それで母親は忙しくなってほとんど彼のところには顔を見せなくなりました。この頃から、この男の子にはいろいろと問題の行為が多くなったのですが、おばあさんがこの子の立場をふびんに思って、なんとかして自分がほんとうの母親であ

るようにふるまおうとしました。しかし彼は
「ボクのお母さんはもっと若くて、きれいなんだ。おばあちゃんとは違うんだ」
と言って承知しません。そこで、おばあさんは一所懸命、新しい服を着てみたり、お化粧をしてみたりしたのですが、うまくいきません。結局またお母さんが無理をして、この子をときどき訪ねるようになりました。しかし、一回裏切られた彼は、今度はなかなかお母さんを信用しません。それにおばあさんもどこか淋しそうです。こんなときにいったいどうしたらいいのでしょう。お母さんの新しい夫も、場合によってはその子を引きとってもいいと言っているのですが、新しい家に行ってはたしてうまくいくでしょうか。彼のまわりにいる人たちは、みんな善意の人たちです。最初から母親が子どもをおいて再婚したのが間違いだったといえばそれまでですが、そのときは誰もこんな問題になるとは考えていなかったのです。

この男の子は絶食をしてみたり、家出をしたり、いろいろと反抗を繰り返しながら、夢の中では自分なりに一所懸命解決策を考えているのです。一度死んでまた生き返ったお母さん、しかし、お母さんのところに行くと、いつもかわいがってくれるおばあさんが、かわいそうです。そこで、おばあさんにはよそから子どもを連れてくればいいと思ったりしています。しかし、そう簡単にはいかないし、よそからくるかもしれない子と、自分とどっちがかわいいかなどと悩んだりしています。

彼はまだお母さんのところに新しい弟ができたのを知らないのですが、無意識の中ではそのこともうすうす察しているかもしれません。

そして、この子どもにとって、おそらく一番問題になるのは、お父さんのイメージがはっきりしないことです。おじいさんがお父さんなのか、いつか見たお母さんの新しい夫がお父さんなのか、それともいつもよく遊んでくれる近所の若い男性がお父さんなのか。こんな場合に一番よい解決策は、まわりの人があせらずに情況を見守っていることです。そうすれば、子ども自身の夢が、彼にもっともよい解決策をもたらすかもしれません。

日常の状態を反映する子どもたちの夢は、もっとわかりやすく、まっすぐに問題を指摘していることもあります。たとえば八歳になる女の子が次のような夢を見ました。

「お母さんと道を歩いていたら、小さなボールがあったの。お母さんはとてもそんなことできないと思ったらしいけど、私はちゃんと拾ったのよ。そしたらボールがどんどん大きくなって、手からとびだしそうになったので、怒って捨てちゃったの。そうしたらボールが小さくなったから、また拾いに行ったのよ。そうすると、またボールが大きくなりだすの。だからやめて、行っちゃった」

彼女は明るい直観的なタイプの子どもですが、なんにでもすぐ手をだして、すぐあきてやめてしまうのです。夢の中で、彼女は自分のあきっぽいことを棚にあげて、それをボールのせいにしていますす。はじめはやさしく見えることが、いざやってみると、意外に難しくてなかなかうまくいきません。そんなときに彼女は努力しないで、すぐやめてしまいます。こういう明快な夢は、子どもとそれについて話し合うこともできます。彼女はしばらく話し合った後で、その意味をよく理解して、その後、なにか難しいことをやりはじめて、途中で手におえなくなり、あきてくると

「ああ、またボールが大きくなりそうだ」

と言って、楽しそうに笑いながらがんばるようになりました。この夢で子どもの性格が変わり、我慢強くなったわけではありませんが、少なくとも、彼女は自分について、一つの洞察を持ち、それを人のせいや、やりかけたことのせいにしないで、自分の問題として受け入れられるようになったのです。

ウィックス夫人は、次のような子どもの夢の例をあげています。ある男の子がなかなかまわりの人たちとうまく折り合えないで悩んでいたのですが、夢の中で運動場にいて、前歯を二本欠いてしまいました。その歯は目の前に落ちていたので、あわてて拾ってまたつけようとしたら「そんなこ

とをしてはいけない。そんなことをするといつまでもおとなになれないよ」と体操の先生が言いました。この夢はまったくばからしいように思えたのですが、あまり鮮明にあらわれたので、もう一度思い返してみたのだそうです。

それは彼の現実の状態をあらわしていました。未開の部族の中には、子ども時代を卒業して、おとなの社会の一員となるためのイニシエーションの儀礼のときに、前歯をたたき落す慣習を持つものがあると言われています。夢の中で彼は落ちた歯を拾ってまたはめようとしていますが、彼自身がいつまでも子どもでいたくて、このイニシエーションの儀礼を受け入れようとしないのです。そこで本来なら呪術師が受け持つ役割を、体操の先生が代わって、落ちた歯を拾ってはめるような子どもっぽいことをしていると「いつまでもおとなになれないよ」と注意したのです。

イニシエーションは、ある社会から別の社会に移るときの通過儀礼の一つですが、子どもからおとなになるときとか、秘密結社のようなものに入るときによく行なわれます。それは社会的な区分を明確にする儀礼ですが、心理的にはこんな夢の形であらわれることがあります。しかし、未開人の一部族の慣習と同じことが子どもの夢の中にあらわれるのは不思議です。この子どもはおそらくそんな慣習が世界のどこかにあることはまったく知らなかったことでしょう。しかし、それは無意識的な元型のイメージの持つ一つのパターンとして、子どもの夢にでてきたのです。歯が抜けたり、落ちたりする夢は、なにか大事なことがわかって、少しおとなになるようなときによくあらわれます。これもそのような夢の一つですが、このようなパターンは、古今東西を通して普遍的に人間の心の中に潜んでいるイメージであって、それが未開人の場合には、一つの儀礼として慣習化し、この子どもの場合には、夢となってあらわれたのです。だから夢の意味を理解するために、古代の人たちや未開人たちの宗教的儀礼や神話などをたくさん知っていると、役に立つときがあります。それを知らないと、こんな夢はまったくばからしいものとして忘れられてしまうかもしれません。しかし、ほんとうはこの子どもにとって、一つの社会的境界を乗り越えるための重要な意味を持つ夢なのです。

やはり思春期にかかるある少女は、次のような夢を見たということです。机の前に坐っていたら、急に床に穴があいて、彼女は机ごと床下に落ちて行きました。机は途中でとまったのですが、彼女はもっと下まで落ちて行き、どこかの地下道に着きました。そこには真っ黒に黄色の斑点のある蛇がいて、彼女は蛇の口の中にまっすぐ入って行きました。そして蛇のお腹をひとまわりして出てきたら、明るい太陽が輝いていました。彼女は未知の怪獣の腹の中を探険し、思春期に特有の不安を克服して生れ変わったのです。最初に机といっしょに落ちて行ったことは、この探険のどこかに学習的な雰囲気があったからかもしれません。無意識の怪獣をよく調査したことで、秘密のにおいのするよくわからないことが、わからないなりにも恐ろしいものではないという安全感が得られました。蛇は性的な含みも持っていますが、なによりも死と再生の象徴として知られています。そして、この夢も一つの社会で死に、他の社会に生れ変わるイニシエーション的な意味を持つものと言えましょう。この夢の後で彼女は前よりもずっと落着いて安眠できるようになったということです。

夢とファンタジー

ウィックス夫人はさらに、子どもの夢とファンタジーとの関係について、次のような興味ある話を述べています。

それは彼女が七歳児の先生をしていた頃のことです。ある寒い冬の朝、子どもたちの一人が前の日に家へ帰る途中で、お腹をすかし、淋しそうにふるえている仔犬を見つけました。その子に慰められて、仔犬は彼女の家までついてきました。そこでお母さんが仔犬に餌をやり、それから「迷い犬係りのおじさん」に渡したのだそうです。これを聞いてもう一人の、いつもファンタジーの世界近くに住んでいる子どもが言いました。

「もし私が迷い犬だったらどうかしら、ご主人について森の中に散歩に行ったら、吹雪になって道に迷ってしまうのよ」

迷い犬の世界はたちまち子どもたちの心を引きこんでしまいました。みんなはその題材を中心にお話を作って大騒ぎをしたのですが、子どもたちの作るファンタジーは、それぞれとても違っていました。ある子どものお話は次のような結末でした。

「そこはとても暗く、暗く、真っ暗だったの。そして寒く、寒く、こごえそうだったの。私は迷って、迷って、わからなくなったのよ。どうすることもできなかったから、雪の上に横になって死んだの」

もう一人の子どもの考えたお話はまったく違っていました。

「鼻の上に白い雪が舞って寒かったけど、とてもおもしろかった。だから雪とじゃれながらどんどん森の奥に入ったの。そしたら暗くなってきて、御主人が見えなくなり、私は道に迷ってしまった。でもそれだけのことはあったのよ。私は朝になるまで中がうつろになっている丸太の中にもぐりこんだの。そしたら夜の間に向う側からもう一匹の小さな犬が丸太の中に迷い込んだのよ。そして朝になったら、八匹の仔犬が増えていました」

ウィックス夫人は、横になって死んだ迷い犬のお話を考えた子どもが、いつか彼女と二人だけのときに話した夢を思いだしました。

「学校から家に帰ったら扉が閉まって、窓のカーテンも下りていました。戸をたたいたけれど誰もでてこないので、お母さんが行っちゃって、もう絶対に帰って来ないし、私はどこにも行くところがないことがわかりました。それで私はどうすることもできなかった。こわくて目が覚めたら真っ暗で、その夢の光景が目の前にありありと見えました」

夢もファンタジーも、絶望的な感じがぴったりと同じでした。しかし、どうすることができたでしょうか。彼女の母親は実際に行ってしまったのも同様で、離婚はもう時間の問題でした。子どもはまだそのことを意識的には知らなかったのですが、直観的に彼女の家はもう空虚で暗くなってしまったことを感じていました。そして無意識を流れる彼女の生命力は永久に帰らざる海の深みへと沈みこんでしまったのです。彼女はまさに横になって死んだのです。

この傾向は彼女のあらゆる動作にしみこんでいるように見えました。教室でのちょっとした勉強もできなくなり、友だちとゲームをしても、彼女はすぐに横になって死んでしまうのです。彼女は、小さな自分一人でなにができるだろうかと、すべてをあきらめてしまったのです。そして、ひっきりなしに、自分の無能力と、生きることそれ自体への恐れに打ち負かされていました。心の底からの絶望感が流れていて、誰かが彼女の生きる能力を信じ、愛してあげなければなりませんでした。ウィックス夫人は愛も理解も持っていましたが、それだけでは、彼女の欲求に答えるにはとても足りないように思いました。そこでウィックス夫人は、「もし、私がなにかだったら」というファンタジー遊びを少しずつすることにしました。そのファンタジーの持つ劇的な力が、他の子どもの理解ある愛と共感を招くかもしれないと思ったのです。迷い犬の話で、それだけのことはあったという考えを発表した子どもは、以前からこのすぐに横になって死んでしまう小さな子どもに同情を寄せようとしていましたが、いつも拒否されることが多かったのです。しかし今はファンタジーを通してお互いに少し知り合うことができたのです。子どもたちはその日、ウィックス夫人と水槽のお魚に餌をやったりしながら、いろんなお話をしました。そして今まで友だちもなかったその子どもにも相手ができて、小さな友情が芽生えました。それから離婚が実現し、父親は去り、子どもは遠くの寮のある学校に送られて、この関係も終わったように見えました。

　それから四十年たったある日、ウィックス夫人は偶然街角で、仔犬が生れたお話を作った子どもに出合いました。彼女は今では立派な女性に成長していて、残念ながら八匹の仔犬は生れませんでしたが、しかし、子どものない悲しみや淋しさも、彼女にはそれだけのことはあったので、今では彼女は八人どころか大勢の子どもたちの相談相手をする仕事をして幸福に暮していました。もう一人の子どもは、ずっと長いこと疎遠になっていましたが、ウィックス夫人は彼女とも出会う機会を持ちました。その子どもはおとなになっても、死への願望が捨てきれず、タクシーの前をうっかり横ぎったりして、何回も死にかけたことがありました。それは自殺ではなかったにしろ、彼女の無意識的な死への願望を示すものでした。しかし、かつての芽生えかけた友情も、やはり、彼女の心の中に生きていました。

その後ウィックス夫人と再び始めた分析の中で、彼女は生を肯定し、そして死も生の一部として肯定したのです。彼女にとって、死は、自己を抹殺するものとしてではなく、もっと親しい、未知の人生の扉を開くものとして、彼女に生きる力をもたらす友となったのです。

夢の中の子ども

私たちおとなが見る夢もまた、子どもに深くかかわっています。フロイトは夢の性格を幼稚で退行的なものと考えましたが、事実、眠りの世界は無意識の状態に近く、夢それ自体は一つの完結したストーリーを持っていることが多いのですが、日常の生活から考えると、断片的で、そのままではっきりと意味がわかることはめったにありません。それはちょうど子ども時代の思い出のように、ところどころ、劇的な場面や、あるいはなにか独得の雰囲気と共に残っているところもありますが、大部分はほとんど忘れられてしまいます。夢はほとんど見ないという方もたくさんあると思いますが、ほんとうは、私たちは毎晩、少なくとも二、三回は夢を見ています。ただ多くの場合は、朝になって思いださないだけです。寝ている人を見ていると、いくらか体を固くして、まぶたをピクピクと動かすことがあります。これは犬にも猿にも見られる現象ですが、レム睡眠と呼ばれていて、そのときに人は夢を見ているのです。

ユングは夢を無意識のメッセンジャーと呼んでいますが、そこにあらわれるものは、私たちが普段あまり意識していないこと、不愉快なので抑圧したこと、あるいはおぼろげにしかわかっていないことが多いようです。だから夢を正しく解釈することができれば、自分についても、また周囲のことについても、今までよりはもっとずっと多くのことがわかるはずなのです。しかし、夢の解釈はけっしてやさしいものではありません。ごく簡単にわかる夢だと思っても、まだその奥に意味があり、さらにまた奥があって、一つの夢の解釈でも、これで終わりということはありません。

夢の解釈の難しさの一つは、夢がときどき子どものような表現を使うところにあります。だから夢は幼稚なものと考えられるわけですが、しかし、子どもたちの世界がただ単純で幼稚なだけではなく、その裏に創造的なすばらしい力を持っていることを考えると、幼稚だと言って、捨てておくのはもったいないことです。この子どものような表現にだまされてはいけないと、私などはその裏からなんとか象徴的な意味を引きだそうとして解釈に凝りすぎ、かえってなにがなんだかわからなくしてしまうようなこともあります。しかし、夢についていろいろ考えているうちに、子どものことが、しだいによくわかってくることがあります。つまり、夢を考えることは子どもに対する理解を深め、子どもとつき合うことは、夢の理解である無意識への洞察を鋭くすることになります。

またおとなの夢の中に子どものイメージが実際にでてくることがあります。それが近所のよく知っている子どもであったり、あるいは普段よくつき合っている子どもであったりすると、その夢は、その子どもについてなにかを教えてくれるものなのか、それとも、まったく自分だけの問題がその子どもの形を寓意的に借りてでてきたのか、それとも、二人の関係についてなにかを指し示しているものなのか、いろいろと考えさせられます。とくに児童の心理療法にたずさわる先生方にとって、これは大きな問題となりますが、多くの場合、それは自分の問題であると同時に、相手の問題にもかかわっていることが多いようです。

チューリヒで分析を始めて間もない頃、私の夢の中に中国の古典小説、『紅楼夢』の主人公である宝玉という男の子がでてきました。この小説は私が十五､六の頃に愛読したもので、その後、長いことすっかり忘れていたのです。勉強のために自分の夢の分析を始めて間もない頃、戦災で焼けてしまった寺の書院が夢にでてきました。その床の間にかかっていた絵が､どういうものか､この『紅楼夢』の中の一情景であるような気がしたので、日本から早速この本を送ってもらって、再読している最中でした。そして私自身の子どもの頃を思いだしているときに、その主人公の子どもが夢にあらわれたのです。

夢の中で私は小説の作者でした。そして宝玉を主人公とする小説を書いていました。宝玉が自分の部屋の寝台で休んでいると、一人の老婆が部屋にしのびこんで宝玉の寝顔をじっと見下ろして、やおら短剣をふりかざして彼を殺そうとします。しかし、そこまで書いたところで、夢の中の作者である私は、ここで宝玉を殺してしまったら小説の先が続かなくなると思って、急に筋を変えて登場人物を一人書き加えて、宝玉の隣りに屈強な男性が一人、いっしょに寝ていたことにしました。そして、老婆が剣をふりおろそうとする瞬間に、その男性が目をさまし、老婆の手をはねあげて、宝玉を救うことにしました。

同じ夜にもう一つ宝玉があらわれる夢を見ています。

深い渓谷を越えて対岸に行こうとしているのですが、なかなか橋が見つかりません。やっと橋のあるところまで来たので渡ろうとしたら、その真中に橋いっぱいに大きな座ぶとんを敷いて、宝玉がどっかりと坐っています。そして謎を解かなければ通さないと言うのです。どんな謎なのか、困ったことになったと思いましたが、相手は男の子といっても女の子みたいで、心のやさしい子どもだから、なんとかすかしたり、だましたりしてうまく話をつければ通してくれるだろうと思って、そんなに心配ではありませんでした。橋は狭いけれども五条の橋のような、欄干の上に擬宝珠《ぎぼし》のついている日本風の橋でした。

ちょうどこの夢を見る前日に、私は『紅楼夢』を読み返していて、宝玉が呪術師のおばあさんに呪われて、人形に針を打たれ、急病になってみんなが大騒ぎしているところにさしかかり、読みながら、ハラハラしていたので、さっそく夢の中にそれと似た情景があらわれたのだと思いました。また、やはり前日、研究所でユングの高弟であったという有名な分析家の老嬢の講義を初めて聞きました。その人は緻密な思考と豊かな想像力を持っているといわれていて、スコットランドの上流階級に育ち、もともとは絵を描いていた人で、最初はユングの患者であったそうです。

彼女の講義はおもしろく、しかも格調の高いものでしたが、どういうわけか私には彼女が恐ろしく見え、個性的な人だけれども、自己中心的で、妥協を許さない固い感じの女性のような気がしました。そして、だんだん彼女の顔を見ていられなくなって、席を後ろにずらし、とうとう直接彼女から見えない出窓のようになっているところにひっこんで、折から降りだした真白い粉雪が降りしきる窓の外の景色を見ていました。そして、この夢の中の恐ろしい老婆は、このユングの高弟という老嬢にそっくりだったのです。

前日にあったことが、夢の中にでてくるのはよくあることですが、それだけでは夢がなにを示そうとしているのかはわかりません。まず第一に考えたのは、この子どもは良い子なのか、悪い子なのか、ということです。夢の中の子どもは、まだ未発達の自分の中の一要素とか、新しく生れてきた意識などをあらわすものと言われます。しかし、小説の中の宝玉という子どもはたいへんな問題児なのです。おばあちゃん子で、みんなから甘やかされ、わがままで短気で、男の子のくせに女の真似ばかりしたがり、耳飾りや派手な服装が好きで、ちっとも勉強をしないのです。一方、老婆のほうは、夢では憎らしい存在でしたが、考えてみると、ユングの高弟そっくりで、私はこわいと思いましたが、ほんとうはすばらしい人かもしれないのです。だから私の中の宝玉のような変な子どもは、かえってこの立派な老婆に殺されたほうがよかったのかもしれません。そうしたら、私はもっと強い人に生れ変わるかもしれないのです。しかし、宝玉は困った子ですが、生れたときに貴石を口にくわえていたという珍らしい子どもであるし、いずれにしろ、まだ小さい子どもを殺すというのはよくないことのように思ったので、やはり私は傍に男性を寝かせて、宝玉を守ったことは悪くなかったのだ、と思いました。そして、この子を殺されてはたいへんなので、研究所のこの人の講義には当分でないことにしました。

こういうときに問題になるのは、いったいこの少年は、作中でどんな位置をしめ、どんな役割を持っているのかということです。それを知らなければならないと、私は何度も繰り返してこの小説を読みました。幸いこの本は古くからドイツ語の訳があって、ユングも言及しています。私の分析家の先生も前に読んでいてよく知っていられましたが、改めて私の夢のために詳しく再読して下さいました。宝玉は主人公というよりも、むしろ彼をとり囲む美しい十二人の女性と、その他の多くの侍女や男の友だちの中で、狂言まわしのような役割も持っていました。

それから老婆のほうですが、これも難しい問題で、小説の中の老婆は悪い奴ですが、それとそっくりの顔をしたユングの高弟の老嬢については、彼女のほんとうの恐ろしい性格を私の無意識が感知したのか、それとも、私の無意識の中に恐ろしい老婆のようなものがいて、それが彼女の姿を借りてあらわれたのか、それとも、どちらも悪くはないけれども、二人の相性が悪いのか、そうだとすると、そこにあるのは、老婆とこれから老年に向かう女性の対立なのか、それとも、西洋人の女性と東洋人の女性という対立なのか、あるいはもっと二人だけの個人的な問題なのか……夢一つを考えるといっても、ほんとうにいろいろなことを配慮しなければなりません。

また実際に彼女の講義を休んでしまったので、いろいろな人に、そういうときには一番前にがんばって、彼女をにらみ返してやらなければだめだとか、いや、もっとしっかり彼女を観察したほうがいいとか、忠告をたくさんもらいました。それでも私は、ともかくその時点では彼女がこわくて、傍に寄る気にはなれませんでした。

もう一つの夢もまた、宝玉の問題を解決しなければ私は前進できないことを示していました。橋を渡ることは、新しい境地の開拓や、二つの断絶した世界をつなぐ意味を持っていてとても良いことなのですが、そういうときはまた、ものの変り目にあって、危機的な状態にいるのです。宝玉がかける謎というのを聞かないうちに目がさめてしまったので、どんなものだったのかわからないのですが、私にとっては宝玉という男の子の存在そのものが謎だったわけで、彼の性格をよく理解しなければ橋の途中で立往生してしまうことになります。また、謎というものはほんとうに解くべきものなのかどうか、たとえば、エディプス王は、雌のスフィンクスがかけた謎を解いたために、その褒美に一国の王姫と結婚することになったのですが、それは自分でも知らないほんとうの母親であって、はからずも近親相姦の罪を犯してしまったという故事もあります。そんなわけで、これもうっかり解釈できない夢でした。

この二つの子どもの夢を見てから、もう十四年近くになりますが、やっと一、二年ほど前から、この夢の意味はこうだったのではないかとわかるような気がしてきたのですから、夢というものは恐ろしいものだと思います。そして、これから先まだ私のこれらの夢に対する考えは変わってくるかもしれません。ともかく今、私が考えていることは、この宝玉という男の子は、男とか、女とかいうよりも、子どもの一つの元型ではなかったかと思っています。あるいはユングの言う「自己」の象徴といってもいいのですが、ただ自己ということではなく、私の無意識の中に抑圧されていた子どもであることの大事な意義を示すものです。

宝玉はたしかにわがままで困った子どもなのですが、彼の問題は、妥協を許さずに自分の一つの完結した世界を持っていることなのです。

ユングは、女性は無意識の中に男性のイメージを持ち、男性はやはり無意識の中に女性のイメージを持っていると考えていて、これらの無意識的なイメージをアニマ、アニムスと呼んでいます。人間にとって心の中に潜んでいるアニマやアニムスのイメージは、ときには自分のすべてであるようにも思われ、そのためにあらゆるものを投げだしてもよいとさえ思われるような大事な存在ですが、これが実在の人の上に投げかけられて、心の外側に見えることがあり、人はそのイメージに誘われて、滅亡の淵に追いこまれることもあります。しかしまた、アニマやアニムスは人間をさらに大きな自己完成へと導く役割も持っていて、ユングはこの無意識の異性のイメージとの内的な結合こそ、人間の完全性を意味するものと考えていました。男性の場合は無意識の中の女性の元型であるアニマと、そして女性の場合は、同じく男性の元型であるアニムスと、しっかりと手をつないだ姿は、心のすべてをあらわすものです。それを彼は対極の一致という意味でシジジー（シュジュギィ）と呼びました。

子どもたちは、まったく無意識で、自分ではなにもわかっていませんが、みんなシジジーたちなのです。彼らは自己愛的で、自閉的なところがあり、一見、わがままで勝手に見えますが、ある意味では一つの完成した存在であって、宝玉はまさにシジジーの典型であり、そういう意味で子どもそのものを意味していたものと思います。子どもはそこから大きな問題を乗り越えて一人の男性、または一人の女性として成長するのですが、子どもの魂はそのまま無意識の中に生き続けて、人が生きる原動力となります。私がはっきり意識しなければならなかったのは、この無意識の中に生き続けていた子どもの自由で完全な魂だったのです。その頃の私はほとんど子どもに関心を持っていませんでした。もっと学び、もっとおとなになることが、そのまま自分の完成につながる道であろうと思っていました。だから子どもと遊ぶことなどは、私にとっては時間の無駄でした。そんなふうにしだいに子ども時代を忘れ、硬化していく私の心が、きっと恐ろしい老婆になってあらわれたのだと思います。

このことが、やっと最近になって私にもわかってきました。そして、子どもたちと遊ぶことが私にとって、どんなに大事なことであるのかを理解することができました。だからといって、子どもと同じではいけないのです。おとなはおとなの発達した意識を持って、子どもたちの、あの無限にやさしく、しかもときには断固として拒否的な孤高の魂を自分のものにすることが、自己の完成に近づく道なのです。だから私たちは、子どもから学ぶことがひじょうに多いと思います。

そして、自分の子どもを持つ人は、その子どもとの本能的な絆を一度断ち切って、もう一度、子どもという存在を見直して欲しいと思います。また、子どものない人も、改めて、子どもの持つ本質的なすばらしさに注目して欲しいと思います。子どもは、あなたに若さを与え、力を授け、夢の世界にもう一度導く存在です。子どもたちはそんなことも知らないで、良いことをしたり、悪いことをしたり、無邪気に飛びまわっていますが、私たちはその中に、目先の現実にくもらされない、ほんとうの人間の生きる道を見出すことでしょう。

第七章　天翔ける子どもたち

子どもと宇宙

「アッ、おツキ、おツキさま」

二歳半になるT子ちゃんはベランダにでてお月さまにおじぎをして挨拶しています。この頃T子ちゃんはお月さまがおもしろくてしょうがないのです。いつかの晩も、夕方から嵐でひどい吹き降りの後、T子ちゃんが窓のほうを見て、「おツキさま」というので、きっと想像上のお月さまでも見ているに違いないとT子ちゃんを寝かしつけようとしましたが、彼女はよほどお月さまが気になるらしくて、ちっとも寝つきません。それでお母さんもいっしょにベランダにでてみたら雲の切れ間に青白く光るこわいような満月がでていました。そこでゆっくりお母さんと二人でお月さまを眺

め、それからやっと満足したようにベッドに戻りました。

夕方、お母さんに手を引かれてお買物に行くとき、最初は夕空に薄く白っぽくかかっているお月さまが、だんだん黄色に輝きだしていつまでもあとをついてきます。T子ちゃんはときどき後ろをふり返って、お月さまがちゃんとついてきているかどうかたしかめます。そしてもうみんなが帰ってひっそりと静まりかえった街角の小公園のすべり台によじのぼり、もしかしたらお月さまに届くのではないかというように手をのばして

「おツキ、おツキ」

と大きな声でお月さまに呼びかけます。お母さんは早く帰って夕食の仕度をしなければならないので気が気ではないのですが、T子ちゃんはなかなかすべり台から降りてきません。思う存分、お月さまを眺めた後で、やっと残念そうにお月さまと別れを告げ、すべり台をすーっとすべり降りてお母さんの手につかまり帰途につきます。

T子ちゃんより少し年長のO君の目下の関心は、お日さまと風船です。窓から見える遠くのビルの谷間に沈む大きな真赤な太陽を、いつまでもじっと見つめています。ある日、近くのお祭りで赤い大きな風船を買ってもらって、大喜びで窓の手すりに結わえておいたのですが、それをほどいて手にとって、しきりに太陽と比べて見ていました。紐をのばすと赤い玉がするすると空に昇って、

風にゆらゆら揺れながら夕陽を受けて輝きます。顔の近くに引きよせて、太陽と重ねて見ると、風船の中は真赤な透明の光で一杯で、お日さまが近よってきてすぐそばにいるみたいです。紐をのばしたり、縮めたりしているうちに、風船はパッと手を離れて、空にゆっくりと昇って行ってしまいました。O君はそれを半ば残念そうに、しかし楽しそうに眺めていました。風船はもう戻ってこないけれど、そのかわりに自分が空をフワフワ飛んでいるような気持でいたのかもしれません。

風船といえば、ピーター・パンが住むというロンドンのケンジントン公園の入口には、いつもたくさん風船玉を持って、空中に舞い上らないように柵にしっかりとつかまっている風船売りのおばさんがいましたっけ。その人は風船に引きずられないように、真赤な顔をして力を入れてしゃがんでいるのです。前にいた人はがんばりが足りなくて、風船玉を放してしまってお払い箱になったのだそうです。そして、子どもたちは、その人がかわいそうだなと思うのですが、風船が放れてみんな飛んだときの光景はどんなだったろうと想像し、それを見たかったと思うのです。

ピーター・パンの作者のジェイムズ・バリによると、ケンジントン公園の中央には丸池があって、それは公園全体を動かしている車輪のような存在なのです。その池は道が四方八方から通じています。そして公園の真中にあるから丸いのだそうです。このイメージは、ユングが心の中心にあり、全体であり、かつ全体の調和を司どりながら動いていると考えたセルフの概念や、セルフのイメージであるマンダラの図型によく似ています。

またそのすぐ傍には、冒険好きの子が落ちたという落し穴のような井戸があるのですが、その子はそこに落ちて助けられてから、自分のほんとうの父親を見つけ、それからはやたらにお母さんにベタベタ甘えなくなったそうです。これは桃太郎の鬼ケ島征伐の遊びを箱庭療法でやったK君が、やはり落し穴を作ったことを思いださせます。しかし、おことわりしておきますが、ピーター・パンの話が書かれたのは、一九〇六年のことで、ユングがまだセルフだとかマンダラのイメージについてはなにも考えていなかった頃のことです。昔から、このような全体性をあらわすイメージは、子どもたち、そして童心を持つ作家が、ごく自然に心の中に持っていたもののようです。

そしてこの池におもちゃの舟を浮かべ、それを曳きながらぐるぐるまわって歩いていると、やがて舟の甲板に小人が駆けまわるのが見え、それから帆が魔法のようにあがって、そよ風でふくらみます。それは自分一人で行く旅で、船足の早い舟は風に向って進み、鯨が潮を吹き、沈没した町の上をすべるように走ります。それから海賊と小競合いをし、珊瑚島に錨を下ろし、金銀財宝を手に入れます。それが子どもたちの豊かなファンタジーの世界なのです。その舟はもしかしたら、モーツァルトやシューマンのやさしい音色とともに、空を泳ぐピアノ鯨かもしれないし、五彩の色をまき散らし、海の中を悠々と飛ぶ極楽鳥の舟かもしれません。

作者のバリによれば、ケンジントン公園にはまた、蛇形池という池があって、その池は公園の外にずっと広がっていて、その先に赤ちゃんになる前の子どもたちがまだ鳥の姿で住んでいる島があるということです。それは美しい池で、その底には森が沈んでいて、夜になると星も沈んで見えるのだそうです。しかしその島は、他の子どもたちはみんなおとなになるというのに、ただ一人いつまでもおとなにならない、あの永遠の少年、ピーター・パンしか行かれない島です。なぜ彼だけは行かれるかというと、ピーター・パンは半分は子どもだけれど、半分は鳥だからなので、まだ人間が生れる前の原初の世界と私たちの間をつなぐ役割をしているからなのです。

ピーターがほんとうに自由にはねまわるのは夜です。それは公園の門が閉まった後で、昼のざわめきが消え、みんなが静かな眠りに入るとき、つまり、おとなについていえば夢の中の世界です。その頃になるとピーターは岸辺に立って葦笛を吹き、公園の中にはさまざまの妖精たちがあらわれます。妖精たちは昼間でもいるのですが、じっと静かにしていて、花に見えたり、草に見えたりするので、おとなたちはもちろん、子どもにも見えないことが多いのです。それは日常の生活で精一杯のおとなや、勉強にばかり追われている子どもたちには、すくなくとも昼日中には見えません。しかし、ある子どもたちには、昼でも見えることもあるし、おとなにだって夜になればときどき見えるのです。

夜の星空を仰ぐとき、私たちは子どもの頃を思い出し、悠久の宇宙の原初の光を見るように思うことがあります。J・R・R・トールキンの書いたおとなのためのお伽話『指輪物語』の中で、主人公がのぞきこむケレド・ザラムの鏡の湖にうつる風景は、自分たちの姿ではなくて、幾世紀も前の原初の頃の夜空でした。頭上の空には日の光が満ち満ちているというのに、水にうつる濃紺の空には水底に深く沈んだ星々が宝石のようにきらめいていました。

夜空を見あげるとき、私はよく小さいときに見た『青い鳥』や、『ピーター・パン』の劇を思いだします。真暗になった舞台に、ピカピカと螢の光のように輝く妖精ティンカー・ベルが飛びまわり、翼があるかのように緑の帽子と木の葉色のマントをきたピーター・パンが、かるがると跳びはねながら舞台にあらわれるときの、あのドキドキした期待は今でも忘れられません。『青い鳥』でも、舞台の中央に夜の女王が立つ場面、それは子どもには息をのむような瞬間なのです。テレビや映画もけっして悪いものとは思いませんが、あの劇場の広い空間にあらわれる幻想の世界はまた別の次元を開きます。子どもたちのために、もっと本格的な芝居がたくさん上演されてもいいものと思います。それは子どもたちのためにもひじょうに大事なことですが、私たちおとなが忘れてしまった子どもの心をとり戻し、子どもたちをよりよく理解するためにも必要なことだと思います。

そしておとなも、もっと子どもたちの読む本に関心を持ってもいいのではないでしょうか。それも子どもにはどんな本を読ませたらよいかというおとなの観点から読むのではなくて、自分自身の心をうるおわせ、子どもたちといっしょに楽しむために。それでないと、どんな本を読ませたらよいかといっても、子どもの心はわかりません。しかし、おとなはそう簡単に子どもの心には戻れないので、子どもといっしょに絵本を繰り返しみたり、お伽話を話して聞かせたりしているとすぐに退屈してしまいます。子どもの世界に入りこむには、少々テクニックがいるのです。たとえば、アメリカの大学のキャンパスで、ここ数年来最高のベスト・セラーといわれるトールキンの『指輪物語』、前にもちょっと書きましたが、こういうおとな向きのファンタジーから読みはじめることもその一つです。

日常の生活から子どもの世界に移るとき、私はよく『指輪物語』の最初のほうで、旅にでかける主人公たちが妖精《エルフ》たちに出会うところを読み返します。森の中から澄んだ声が笑いに入りまじって聞こえてきます。それは星明かりの空気をふるわせていくつも湧き起こっては消えながら、しだいに近づいてきます。

雪のように、まっしろな、きれいなあなた！
西の海のかなたにおわす后さま！
木々の枝交すこの地のわれらが、
はるかに慕う、光の君よ！
おお、ギルソニエルよ！　エルベレスよ！
あなたの眼は澄み、吐く息は光る！
雪のように、まっしろなあなたに、
海のかなたから、ほめ歌をうたう。

（瀬田貞二訳）

妖精たちはこんな歌を自分たちの不思議な言葉で歌いながらやってきます。彼らの髪や瞳には星の光がきらめいて、歩くときには月の出の前の山ぎわのように、ぼうっと明るい光が足もとを照らし、妖精たちが通りすぎます。私はこれを思いだすと、とたんにピーター・パンが傍にあらわれて、子どもの世界に連れていってくれるような気がします。そして、いわゆる自閉症と呼ばれる子どもたちが、自分で勝手に造るわけのわからない言葉まで、なんとなくわかってくるような気がするから不思議です。実際に今まで視線一つ交さなかった子どもが、ふと傍によってくることもあります。

そして何度も読み返したお伽話から、新しいイメージが浮かびあがってきて、退屈することがなくなります。子どもを理解することは、ひとえに私たちのイマジネーションの力の復活にかかっているのです。

成長の苦悩

あるとき、風船につかまったり、気球に乗って空を飛ぶイメージについて親しい友人と話していたとき、フランス系カナダ人の作家レジャン・デュシャルムという人の作品の中に、子どもがたくさんの風船につかまって、空に昇るところがあるという話を聞きました。デュシャルムは「子供時代」の作家で、彼にとって子どもとは、おとなのおもちゃでもなければ、小型のおとなでもなく、おとなが人間だとすれば、子どもは人間ではない。つまり、おとなと子どもはまったく別の生きものなのだそうです。そして、デュシャルムの小説の中の子どもたちは、学校でエミール・ネリガンという詩人の詩を暗誦したり、日記に書いたりするのだそうです。

エミール・ネリガンは、「カナダのランボー」と呼ばれる詩人で、一八七九年生れ、十六歳の頃から詩を書きはじめ、二年後にはすでに新聞や雑誌に詩を発表し、三年後、十九歳のときには、彼の詩の朗読の集会で、熱狂した聴衆の絶讃を受けて一躍英雄にまつりあげられたのですが、その直後に発狂し、十九歳と七カ月でサン・ブノワの精神病院に入り、それから約四十二年間、一九四一年に亡くなるまで二度と一般社会には戻らなかった人です。

ネリガンの詩は全体的な万能の世界に住む子どもが、おとなになるときの苦しさを歌っています。ネリガンにとって、おとなになることは、死ぬこと、あるいは生きながら死ぬことであったのです。いつまでも社会にうまく適応せず、建前と本音のおとなの世界を嫌い、子どもの完全で純粋な心を持ち続けようとする人を、私たちはしばしば幼稚な人間と呼んで困りもの扱いにします。しかし、おとなが子どもの世界に戻ることが難しいように、子どもがおとなになることも、そんなにやさしいことではないのです。とくに感受性の強い、才能に溢れた子どもたちにとって、それまでの自己完結的な世界を棄てることは至難の業です。それがどんなに大変なことなのか、ここにネリガンの詩を二つあげて、皆さんにわかって頂きたいと思います。それは子どもがどんな世界に住んでいるかを、おとなになりかかる青年の立場から描いたものです。

「ぼくの魂」

ぼくの魂は、星のよう

二月の雪のようにあどけない……

ああ！　帰っていこう、行ってしまった子供時代の入口へ
　おいで、祈りをささげに……
ぼくの大切な君、手を合わせ、そして涙し、そして夢み、そして祈ろう
　ぼくの部屋で、むかしの夕暮れ
花かおる聖母の像へ
　君の声がのぼっていったあの時のように

ああ！　なんという宿命！　このうそつきの
色あせ、すさみ、よこしまな世に、あどけない魂でいるということ
いやしい肉欲が、けっして汚したことのない
冬の雪のような魂を持つということ！

尼寺の、うら若い修練女の手にある
モスリンのような魂を
それとも、夕べの丘の上で、ふるえ、歌う風の音楽でいっぱいの

リュートのような魂を持つということ！

柔和で、神秘的に優しい魂を持つということ
にもかかわらず、いつも、ありとあらゆる苦しみを苦しみつつ
生きることの悩みと、死ぬことの恐怖のなかで
そして、まだ望み、信じ……そして、いつまでも待ちつづける！

「暖炉の前で」
むかしの冬の夕べ、ぼくらが、まだ女の子と同じドレスを着ていたころ
チビで、元気で、バラ色で、やんちゃで、頬っぺたいっぱいふくらましていたころ
今はない、大きなアルバムで、もう世界は
ぼくらのものだと、信じきっていたものだ！
数人いっしょにグループで、炉辺にまるく坐りこんでいた夕暮
一枚一枚絵をめくり、そして楽しく

目をかがやかせ、立派な竜《ドラゴン》たちが
群をなし、馬に乗って行くのを見たことか！

ぼくも、その頃の、しあわせ者の一人だった、でも今は
薪掛けに足を投げ、退屈に額をくもらして
いつもいつも、苦々しさを魂に

ほのおのアルバムに、ぼくは見る
まっくらやみの人生の戦場を、手には武器
血まみれになって行く一人の兵士、ぼくの青春を！

（弥永信美　訳）

ネリガンは多くの聴衆の拍手の中に、彼の心をほんとうにわかってくれる人を見出すことができなかったのです。彼の妥協できない子ども心を一人でもわかってくれる人がいたら、きっとネリガンはしっかりとした意識の世界で、自分を持ちこたえたかもしれません。しかし、おとなの人々の絶讃は、彼には空しいものでした。みんなはすばらしい詩だとは思ったでしょうが、その裏にある

彼の傷ついた心と苦しみを、修辞的な美しさととったのです。そしてネリガンの孤独な心は崩壊し、現実を離れて無意識の闇へと落ちていったのです。

上昇のイメージ

まだ男でもなく、女でもなく、両性具有的な子どもたち、おとなはその子どもを男の子らしく育てようとしたり、女の子らしくふるまわせようとしたりします。しかし、髪の形を変え、着るものをとり変えたら、子どもたちはそのどちらにも見えます。ときどき女の子はあまりに女らしく育てられるために力強さや積極性を失い、男の子は男らしく親がしようとして、その子の本来のやさしさが押えられ、苦しむこともあります。子どもたちは社会に直面することもなく、現実の厳しさから保護され、危険から守られて、まったくのんきに遊び暮しているように見えますが、ほんとうはその急速な成長の過程で、苦しみながらおとなになるのです。とくに子どもからおとなになるときの、まったく違う世界への突入は、多くの危険を伴います。いつまでもおとなになりきらず、子どもの夢を捨てない人たちを、世間のおとなは、現実に直面したがらない安易な若ものたちと考えがちですが、そんな青年こそ、感受性が強く、心の中に永遠の少年の魂を抱いて、おとなの世界に挑戦し、それと闘い抜こうとする英雄たちなのです。彼らの苦しみは、いい加減にごまかしておとなになってしまい、思春期の頃の自分のもやもやした気持も忘れてしまったいわゆるおとなの人にはわかりません。

思春期の子どもたちは、空翔けるイメージを豊富に持っています。傷つくことを恐れて空に逃げることもあり、大きな希望を目ざして自ら飛びたつこともあります。大事な宝ものを悪ものにとられないように密かに隠し持って空高く舞いあがる子どももいれば、はるか空の高みの天上界に、お姫さまと手をつないで舞いあがることもあります。ある心やさしい青年は、まわりの心ないおとなたちの行為に傷つけられて次のような夢を見ました。彼は地上に意地の悪い顔をしたおとながあんまりうようよしているので、体に軽気球をしばりつけて、足にばねのついた靴を穿き、ピョンピョンと人の頭上高く、大またで半分飛んで歩いたのです。その他にも、ウンコラ、ウンコラ、蛙泳ぎのように手足を広げて一所懸命空を飛んでいる夢を見る人もいます。

天翔ける夢の中には、ロケットに打ちあげられて、太陽に向かって突進するものや、壁や床を足でとんとけってはずみをつけ、すーっと上や横に流れるように飛ぶ夢もあります。ハードルを一つ一つ飛び越えるように、少しずつ努力しながら上昇するものや、もちろん飛行機や飛行船、あるいは気球に乗って飛ぶ夢もあります。ある少女は夢の中で、円盤に乗って月まで飛んで行き、そこから地球を見たら、地球は青と白とのだんだら模様であったということです。

こんな若ものたちの一人が作った箱庭療法の作品の中に、いろいろなものが飛んでいるイメージを具体化したものがあります。箱庭療法は、私たちが心の中に抱いているはっきりしない気分や、半分できかかったイメージを作品に表現し、それを作り、形にして見ることで無意識的なものを意識化し、その人の個性の発展を促がそうとする療法、または遊びですが、箱の中の砂の上にいろいろなものを置いて作る方法をとっているので、この中で実際にものが飛んでいるイメージを固定化することはほとんど不可能なのです。だから、この人が作品を作るときには、棒や割箸、ものさし、針金などを使ってありとあらゆる工夫をします。それでも彼はその中でものが飛んでいるイメージをどうしても表現したいのです。

この青年は二十歳を過ぎたばかりですが、高校の途中からもの思いに沈みこんで、なかなかもとに戻りません。毎日家でぼんやりと考えごとをしていて、学校にも行かず、さしあたり仕事らしい仕事もしません。私たちは誰でも思春期の頃に一時的にそんな状態に陥ることがありますが、彼の場合は、傷つきやすく、鋭くやさしい性格から、なにかにつまずいてそうなったのか、あるいは生れつきの内向的な傾向から、考えに沈んでいるうちに無意識の世界の持つ強いイメージに魅され、その力に憑かれた状態から抜けだせないのか、どういう理由からかはよくわかりませんが、まだ無意識の周縁をさまよっているようです。

彼の作品は、はじめは比較的単純で、新幹線が対角線上を走っていたり、その両側に戦車が向き合っていたりするような、小さな子どもの戦争ごっこの情景のようなものでした。そのうち、戦争に飛行機が加わりましたが、飛行機は地上に置かないで、割箸のようなものの上に乗せ、空中を飛んでいる感じがでるように工夫してありました。それは完全主義者の彼が苦労して自分のイメージを正確にあらわそうとしているように見えました。しかし、次には新幹線が深い谷にかかる鉄橋を渡る情景でしたが、鉄橋の上はともかくとして、谷の両側の地上の線路も、積木を並べた上にあって、全体に浮き上っていました。銀河鉄道ではないけれども、空飛ぶ新幹線です。

そして、その次あたりから、彼特有のストーリーが展開されました。左手前に男の子の人形が一つ、黒い大きな犬を従えて、右向うの森の中に入っていこうとしています。森の上空には五彩の大きな鳥が一羽、さらに対角線上に、空を舞う天使が二人、いずれも砂の中にさしこんだ針金の長い棒の上に乗せて、上空から少年を招くように置かれています。そして、右向うの隅には一段と高く、クリスマスの飾りにつかわれる大きな銀色の星が輝いています。この少年は、森のかなたに光るキラキラ星を追い求めるように、茂みの暗さの中にわけ入ろうとしているようです。天使が道しるべのように彼を導き、五彩の鳥はそんな状態を中央で見守っているように見えます。大きな黒犬は、本能的な温かさを示していて、背後からこの少年を励ましているようですが、しかし、犬は冥土への道案内といわれることもあり、とくに黒犬は悪魔の使者という言い伝えもあるので、この作品はちょっと気持が悪いようなところもあります。そういう見方をすれば、五彩の鳥も、この場面にはあまりに美しすぎ、大きすぎて、小鳥というようなかわいらしいものではなく、不気味な感じがしないでもありません。

その次の週に彼が作った作品は、森の中の嵐の情景でした。砂箱の中の木々は嵐で吹き倒されそうにかたむいていました。そして中央の向うの箱のふちに、チョコレートの箱の中に敷いてある焦茶色のプラスティックの下敷が立てられて暗雲をあらわし、そこに金紙や銀紙を切って作った稲妻がきらめいていました。その前に、雷鳴と稲光の中から浮きだしたように、針金や棒で中空にささえられている聖母子像があらわれました。大きな鳥はその前に低く置かれ、走って森の中に駆けこもうとしていた子どもは、小さな白い石像に変わって、前とほとんど同じ場所に置かれ、驚きのあまり石化したようにこの光景を見守っています。箱庭の作品としてはひじょうに凝ったもので、さすがに小さな子どもたちの作るものとは、一風、趣きが違って強烈な印象を与えました。

その次の作品は、再び左手前に、手をさしのばしなにかを求めるように走りかけている少年が置かれ、石や低い木がまばらに散る砂箱の荒野の右向う隅に、はるかに高く、棒や針金で支えたマリアさまが、下を向いて、少年を迎えるように立ち、マリアさまの足許から下に流れるように、木の柵を上手に利用して作った長い階段が地上まで降りていました。この少年の求めていた希望の星は、やはりマリアさまのような、無限の愛を持つグレート・マザーのイメージなのか、と思わせるような作品でした。トールキンの『指輪物語』の作中の妖精たちが、

「おお、ギルソニエルよ！　エルベレスよ！」

と、はるか海のかなたにいるという妖精の女王の名を呼び、彼女の美しさを讃えるように、彼の心の中のグレート・マザーは、空高くその美しい姿をあらわしたのです。

この青年はクリスチャンではありません。しかし、ファンタジーの中では、かえって身近にあるイメージよりも、遠い世界のものを素材にしたほうがやりよいようです。私はこの作品を見て、この人の問題が心の中の母なるものとかかわりがあるのだな、と思いました。もちろん、それは現実の母親とうまくいかないとか、問題があるということではありません。なにかの理由で、彼自身の心の中にある母なるもののイメージが、もう一つ定着しないで不安なのだろう、そしてもしかしたら、そのイメージを女性の心理療法家の先生の上に求めているのかもしれない、とも思いました。

しかし、たいていの場合に、こういう予想は裏切られることが多いのです。たしかに彼の問題は母なるものにも関係があるかもしれませんが、話はそう簡単には運びませんでした。

その次の週に作られた作品は、がらりと趣きを変えたものでした。マリアさまが立っていたちょうどその場所に、針金で上手に支えた怪鳥が、翼を広げて舞っていました。この怪鳥は翼をひろげて、砂箱の上を円を描いて飛んでいるようで、この世界全体を覆っている恐ろしい悪魔の姿のようでした。その下には大きな石が二つあり、その間を繋ぐようにくねくねした蛇がいます。さらに右手前の隅から、大きな怪獣が這いだしたところです。左向うのほうには沼があり、人が乗った舟が今にも怪魚に喰われそうになって、なんとか逃れようと、空中に逃げだしかけているところです。そしてその手前の木の上には、セロファンを細く切ったキラキラ光る糸の真中に毒ぐもが一匹うずくまっています。ごく手前にはリーダーらしい人と三人の銃を持った兵士たちがいますが、怪獣たちに比べてあまりにも小さく、頼りなげに見えます。

この作品を、育てる母と呑みこむ母という母なるものの二面性の否定的な恐ろしいほうのイメージをあらわしたものと考えることもできますが、それよりも私はそこに、ユングがひじょうに興味を持ち、傾倒していたという紀元二、三世紀頃の信仰で、キリスト教の異端として排斥されたグノーシス主義者たちの神話を見たように思いました。

グノーシス主義の人たちは、欺瞞的なこの世のあり方に傷つき、苦しんで、こんなひどいことが神の意志で行なわれるはずはないと思い、この世を創造し、支配するのは神ではない造物主、デミウルゴスという悪の権化に違いないと考えたのでした。そしてほんとうの神は、完全で光の充満している天上界にいるものと信じ、その世界に戻る神秘的な方法を獲得することがグノーシス主義の人たちの知恵でした。

グノーシスというのはギリシャ語で知恵のことです。この知恵を得るには、さまざまの難しい試練を経てこの人たちの仲間入りをしなければなりません。また、グノーシス主義者の中には、性的乱交や物質至上的な考えがあったと当時のキリスト教の人が報告しています。もちろん、キリスト教の人たちはなんとかしてグノーシス主義者たちを排斥しようとしていたのですから褒めるわけはありませんが、しかし私はこの記述はまったく嘘であったとは思いません。傷ついた心を持った子どもたちが、まわりの人々に自分の心を閉ざし、心を持たないものや、直接的な肉体接触である性交に魅かれるのは、よく見られる事実です。

この箱庭療法の作品を作った青年の心は、明るい良い母と暗い恐ろしい母の問題に苦しんでいるというよりも、もっと大きな宇宙的な分裂の中で苦しんでいるように思います。彼にとってこの世は嘘と裏切りだらけの悪魔が支配する世界なのです。もし神や仏がこの世にいるとすれば、こんなはずではないのです。だからもう一つ別の世界があるに違いないのです。おどろおどろした嵐の夜の稲妻の光に浮かびあがった聖母子像は、この人にとってグノーシス主義的な啓示のイメージであったかもしれません。その後の作品には、はっきりと二分された姿として天上界のマリアさまと、怪鳥デミウルゴスがあらわれました。私はこの青年の苦しみと心のいたみをまざまざと見る思いでした。日常生活の小さな成功や失敗に一喜一憂しながら、低い狭い次元の世界で、なんとなく暮している私には、とてもついていけそうもない壮大なイメージであり、スケールの大きな苦痛の表現でした。誰がこの人の心のいたみを感じ、分け合うことができるだろうか。しかし、彼がこの世界にしっかり根をおろすには、その苦しみを理解し、それを分け合う人が必要なのです。

この箱庭の作品の中で、いくらか希望を持たせるところは、たとえば、二つの石の間に置かれた蛇です。蛇は再生をあらわす象徴であり、男と女との間を結ぶものでもあります。しかしこの蛇は、グノーシス的な地上の支配者、反キリストをあらわすものかもしれません。手前にいる一人の指導者と三人の兵士もいくらか救いになります。しかし、彼らだけではなにかが欠けていて、とても怪獣どもの相手ではないように思えます。そして怪魚に呑みこまれそうな舟、この舟は救いを空に求めて飛びたつところです。

ユング心理学では魚に呑みこまれて海を渡るという主題を、深い無意識の世界に沈潜し、そのエネルギーとともに再生することをあらわすものと解釈しています。神話やお伽話にはこういう主題を持ったものがたくさんあります。たとえば聖書の中には怪魚に呑みこまれたヨナが、三日三晩、魚のお腹の中に呑みこまれたまま海を渡り、新しいヨナに再生する話があります。アメリカ・インディアンの太陽神話には、太陽が西の海に沈んで怪魚に呑まれ、夜の間に海を渡り、夜明けと共に魚の腹をたち割って、新生の太陽として東の空から昇るという話もあります。あるいは『ラーマーヤナ』の猿の英雄ハヌマットが海上を飛んでいると、その影が海にうつり、それを見た怪魚がハヌマットを呑みこもうとします。ハヌマットはものすごく大きな姿に化けて逃れようとしますが、魚のほうもそれに負けずに大きくなります。そこでハヌマットは今度はうんと小さくなり、魚の口から飛びこんで、中で大きくなって魚を破裂させてしまうというような話もあります。これは鬼の口から飛びこんでお腹を縦横無尽に切りまくった一寸法師みたいです。そして、木でできた人形のピノキオが、人間になる前の最後の冒険は、鯨のお腹の中でおじいさんに出合ったことでした。

しかし、グノーシス主義者たちや、この青年、そして多くの心やさしく、傷つきやすい若ものたちにとって、この世の中はすでに怪魚の腹中のように真っ暗闇なのです。そして彼らの脱出口は、真っ暗闇からキラキラ星を求めて飛びたつ上昇のイメージです。子どもの心を持つ人は、恐ろしい無意識の世界から、その無意識の持つイマジネーションの力を利用して飛びたつのです。もしこの青年が無意識の世界の恐ろしいようなエネルギーをしっかりと意識化することができれば、この人はいろいろな意味で人の心の奥深さを知る独創的な人になると思います。心の苦しみは深ければ深いだけ、そこを脱けだすことさえできれば、その人の人格の奥行を深めます。彼はこの世のいたましさを知り、子どもの心の貴重さを知る人になるでしょう。

永遠の少年

イギリスの童話作家であるジョージ・マクドナルドの書いた創作童話の中に『かるい姫』というお話があります。かるい姫は命名式のお祝いに招きそこなった魔女に呪いをかけられて、重さを失ってしまったのです。だからかるい姫は誰かがちょっとふりあげると、フワフワと昇っていって、空中に浮いたまま嬉しそうにキャッキャッと笑ってばかりいるのです。あるときなどは開いた窓から風の妖精が姫を庭の芝生に運びだしてしまったこともありました。そして姫が走るときには両手に小石を持っていないと、はずみがついて昇ったまま、地面に降りてこないのです。そのたびにみんなは姫をひき降ろすのに大さわぎをしました。かるい姫は長じるにつれ、気まぐれでよく笑う王女になったのですが、その笑いには悲しさというか、やさしさというか、なにかそんなものが欠けていました。そして姫が歩くときには、風にさらわれないように姫の衣服にたくさんの絹の紐を結わえつけ、二十人もの貴族がそれを持っていっしょに歩かなければなりませんでした。

かるい姫はしかし、水の中に入ると普通の重さをとり戻し、自由に泳ぐことができました。水の中では姫はいつもよりずっとしとやかで美しく見えました。だから姫は泳ぐのが大好きで、いつも湖にはりだしているバルコニーから水に飛びこみたいと思うのですが、あいにく、重さがないので水面にまでとどかずに宙に浮いていることになるかもしれず、それができないのが残念でした。

ちょうどその頃、ある王国の王子が、自分のお后になる姫を探しに旅にでました。そして湖の中でかるい姫に出合い、二人はすっかり仲良くなりました。姫は王子に抱かれて飛びこんで、水に落ちる感覚を味わいすばらしいものと思いました。二人は年中水に入って遊んでいたのですが、これを聞いた魔女は湖の水を涸らしてしまいました。水が少なくなるにつれ、かるい姫は病気になり、今にも死にそうになりました。そこで王子が志願して自分が犠牲になり、湖の底にできた水を吸いこむ穴の栓になることにしました。かるい姫は湖の水かさが増して沈んでいく王子を見ているうちに、自分の生命のことも忘れて湖に飛びこみ、栓になっている王子を助けだしました。そしてなかなか息を吹き返さない王子のために、生れて初めて涙を流しました。その涙とともに大雨が降り、湖は満水となり、王子もまたパッチリと目をあけて生命をとり戻しました。そうしたらやっとお姫さまに重さがついた、というお話です。

空を飛ぶことの好きな子どもたちには、ファンタジーを生む無意識の水が必要なのです。その中で子どもは喜びや悲しみを覚え、おとなになって異性を愛し、他の人たちを思いやるやさしい心を育てます。水は、そして無意識に根ざすファンタジーは、子どもの心にうるおいを与えます。だから空飛ぶ鳥と水を泳ぐ魚は子どもにとって、なによりも大事なイメージなのです。「重さ《グラヴィティ》」というのは英語では威厳とかまじめさを意味します。そして「軽さ《ライト》」というのは光と同じ言葉です。マクドナルドがこの二つの意味をかけて、このお話を作ったものと考えてもいいでしょう。子どもは軽く明るく、まだこの世の中を真剣に生きていないように見えますが、同時に子どもの心は、あらゆる人にとって、いつまでも心の奥に輝く光なのです。

子どもたちはそんな世界を、まったく意識もせずに泳ぎまわり、飛びまわっています。そしてしだいにいろいろなことがわかりだすにつれ、無意識の世界を抜けておとなになりますが、同時にこの大事な心の中の光も忘れてしまう人が多いようです。しかし、おとなになったからそれでいいというものではありません。おとなもまた成長するのです。そして少しずつ、かつて子どもの頃に持っていた完全で万能な世界を意識化して、最後にはそれをすっかり自分のものにするのが人間の最終の目標なのです。

老賢人のイメージを持つ仙人は、牛の背に揺られながら笛を吹く童子のイメージも持っています。ほんとうのすばらしい老人は、子どもの心を把握して、再び空飛ぶイメージを持つことのできる人です。それは自由で完全で、あらゆることに通じている円満な人格の完成を意味しています。神話の中の英雄たちが、最後には空に昇ることはよく知られています。それはギリシャ神話のように、神になって星座に祀られている英雄たちだけではありません、日本の神話でも、日本武尊《ヤマトタケルノミコト》はギリシャ神話の英雄のように勇ましく、女装をして熊襲《クマソ》を討ったり、遠征の途上で竜神のいかりを静めるために妃の弟橘媛《オトタチバナヒメ》が身代わりに海底に沈んだというような、無意識的な世界とかかわる話が伝わっています。そして最後には白鳥となって空に昇ったということです。

人が重大な危機に際して、空に昇るイメージを持つこともまた、よく知られています。ユングは心筋梗塞と足の骨折で危篤状態に陥ったときに、体がしだいに浮きあがり、宇宙の高みに昇っていくヴィジョンを見たそうです。それによるとはるか下には地球が青い光に包まれてただよい、紺碧の海と大陸が見えました。足下には遠くセイロン島があり、前方のはるかかなたにはインド大陸が広がっていました。地球全部は視野に入らなかったけれども、その丸い形は、はっきりと見え、すばらしい青い光を通して、輪郭が銀色に輝いていたということです。地球上のさまざまなところは彩られ、濃緑のいぶし銀のような斑点が散らばっていました。それから左方にアラビア砂漠が見え、紅海が続き、その左上のほうに地中海が少し見えていたそうです。ヒマラヤは雪がつもり、雲がかかっていました。後になってユングが調べてみたら、それは約一五〇〇キロぐらいの上空で、そこから見た地球はほんとうに美しかったそうです。

それからユングが向きを変えて空中を見ると、ほんの少し先に家ぐらいの大きさの隕石のような黒い岩が空中にただよっていて、その岩にうがってある穴の入口に近づいたとき、すべてのものが脱落して、地上のものは走馬灯のように彼の前から消え、ただ、これまでに経験したことの感じだけが残って、ある意味では、自分がほんとうの自分になった気がしたということです。そのとき、はるか下のヨーロッパの方向から、主治医の先生の黄金で作られた原初的なイメージが昇ってきて、ユングはまだ地球から離れるわけにはいかないと伝えたのです。そしてこれを聞いたとたんにヴィジョンは消えてしまいました。それからしばらくして、ユングの病気は快方に向かったのですが、彼はせっかくすばらしい宇宙の中に無重力で浮かび、あらゆるものから解放されたように感じたのに、迎えにきた主治医の先生を憎らしく思い、また不思議な原初的イメージであらわれた主治医のことが気になりました。しかし、このことを医師に伝えようとしても理解してもらえないでいるうちに、ユングがやっと床上げをした日に、主治医は病の床につき、間もなく敗血症で亡くなられたということです。

空飛ぶイメージは老人にとっては自由な子どもの頃への回帰であり、あらゆるものからの解脱の終着点なのです。人は自分について無知であり、あまりにも無意識であるために、ものごとに執着を持ち、生命に未練を残すのですが、最後に行き着くところはこれらのすべての謎が解けてほんとうの自分自身になることなのです。赤ちゃんは、あらゆる可能性を持つ一人の個人として生れてきます。そのときに人間はすでに自分の全てを持っていて、その力を身近に感じて育ちます。だから小さな子どもにとって、お月さまも、お日さまも、そして宇宙の星々も、ほんとうに身近に感じるのです。やがてそこから芽を出した小さな意識が育つにつれて、人間はこの子どもの広大な宇宙的な世界から一度離れますが、再びもどってきたときには、今度ははっきりと意識で把握することのできる同じ宇宙的な世界であって、そこで人はほんとうの意味の解放、解脱の世界に到達するのです。

汝は終わりなき若さ、永遠の少年なれば
その美しさは空の高みでもっとも愛される
汝がもし角をかくして、我々の前に立てば
そのかんばせは乙女にもみまがう

ウェルギリウス

これはローマ最大の叙事詩人といわれたウェルギリウスが、永遠の少年を讃えた詩です。心理学者の中にはこの詩を、おとなになりきらない幼稚な性格を持った人が、一見、乙女のようにやさしい顔をしながら、陰に攻撃性を隠していることを歌ったものだと解釈する人もいます。そういう解釈も成りたつと思いますが、しかし、この詩はもちろん、なによりも、広い宇宙に広がる天翔ける子どもの姿と、そして、作者がいささか同性愛的な憧れを秘めて、両性具有的な美しさを持つ美少年の姿を讃えたものであることは、あまりにも明らかです。

プラトンの作品の中によく見られることですが、ギリシャ、ローマ時代の知識人は、まだおとなの愛を知らず、自分自身の完結した世界の中に住み、無限にやさしく、他人を容易によせつけない冷たい拒否性を持った少年に憧れ、強い精神的な連帯感を感じていました。ソクラテスが美少年を愛したことは有名ですし、シーザーが美少年たちを傍に連れていたこともよく知られています。ギリシャ神話では、ゼウスが大鷲となって美少年ガニュメーデスを誘拐しましたし、医療の神さまのアスクレピオスは、しばしば子どもの姿をとってあらわれたといいます。

子どもの世界は、それほどすばらしい魅力を持っています。そしてこの魔力に憑かれてなかなかおとなになろうとしない人は、現実的な世界からみれば困った人かもしれませんが、子どもの心をしみじみと味わっている人たちなのです。やがてゆっくりおとなになったときに、その人たちは心の中に美しいものをしっかりと抱いていることでしょう。私たちおとなが、日常の忙しさにまぎれて、童心を忘れてしまっているのは悲しいことです。おとなが発達した意識を持って、もう一度、空飛ぶ子どもの世界に戻り、子どもたちと遊ぶときに、ほんとうの自由を得ることができるのだと思います。

かぐや姫の二面性

永遠の少年とともに、永遠の少女のイメージは、たとえば『竹取物語』の中のかぐや姫に見出すことができましょう。かぐや姫と、名称やストーリーの一部、または大部分が似ているお話は、万葉集や、仏典、中国書、あるいは日本の民間説話、東南アジア、朝鮮、中国の民間説話などにたくさんあります。そして学問的にはどこが似ているかという点で、その起源説もさまざまに分けられます。たとえば、竹の中から生れた子どもであるという点、その子どもを育てた人が長者になるという点、求婚者に難題をだして拒否するという点、天人に迎えられて空に昇るという点、月の問題、そして最後にかぐや姫が残した不二の薬を焼いたので、富士山から永久に煙りが昇るという永遠の生命と、山岳、地名にかかわりを持つ点などの、どれか、またはその幾つかとかかわる話が各地にあります。

このような物語の起源に関する研究も興味あるものですが、一口に言うと、かぐや姫は人間の子どもではなく、異常な出産で、その点でギリシャ神話の英雄たちや、その他の多くのお伽話の主人公と同じように一つの元型的なイメージであると思います。そして心理学的に考えれば、その子を育てた人が裕福になるというのは、意識が豊かになるというようにも解釈できます。また求婚者を拒否するということは、処女性を保つ永遠の乙女であって、永遠の少年が空の高みで愛されるように、上昇の主題にかかわっています。月はしばしば母なるものを象徴するイメージであると言われますが、仙人が老人と童子の二つの面を持つように、偉大なる母も、母性としての月と、処女としてのかぐや姫の二つのイメージを持っていて、月とかぐや姫は一つの楯の両面であると考えられます。そしてかぐや姫の魂は天に昇ると同時に、地上にその一部を残して、永遠に燃えるエネルギーとして、意識の成長を助け、煙となって天と地の間を結ぶ役割を果たしています。

かぐや姫にかかわる異説の中には、これまでに述べてきた童話、お伽話、神話、あるいは子どもの無意識に根ざすファンタジーなどを思わせるものがたくさんあります。たとえば、かぐや姫は竹林の中の鶯の卵から生れて、うぐいす姫と呼ばれ、小さいときは竹籠の中で育てられたという話があります。つまり、かぐや姫はピーター・パンのように、最初は鳥であったのです。また、輝く光の化身でもありました。そしてかるい姫も光の姫でした。またかぐや姫は、もともと天界から降りてきたもので、再び空に帰るところは星の王子さまのようです。

かぐや姫のように、小さな子どもでもあり、乙女であるのに、一方では天子よりも高い月の女神でもある存在は、ギリシャ神話の中に多くみられます。たとえば、豊饒を司どる太母神デーメーテールの娘ペルセポネーは、あるとき野原で花をつんでいるときに、突然大地が割れて冥界の王ハーデースがあらわれて誘拐されてしまいます。しかし、母のデーメーテールがあんまり歎き悲しんで大地の穀物が枯れてしまう騒ぎとなり、ゼウス大神の口ききで、彼女は再び地上の母のもとに帰ることになりました。しかし、そのとき既に冥界のざくろの実を食べていたというので、全面的には戻ることができないで、一年のうち、半分または三分の二を地上で過し、残りは地下の冥界でハーデースの王姫として暮すことになりました。だからペルセポネーは暗い冥界の恐ろしい大女神であると同時に、地上では麦の穂を象徴とするコレー、すなわち娘と呼ばれる永遠の乙女なのです。

月の女神アルテミスも、ある日狩人の若い青年であるアクタイオンが、誤って女神とおつきの処女たちの沐浴しているところを盗み見て、女神の怒りにふれて牡鹿に変えられ、自分の猟犬に喰い殺されてしまったという話があるほど、冷酷な処女神です。しかし、もともとは獣性を司どる女神として、子育ての神、安産の守り神でもあり、小アジアのエペソスにある神像は、胸にたくさんの乳房をつけた太母神なのです。そのほか、さまざまの女神が、母と娘の二つの面を持っていることが多いようですが、かぐや姫もまた、娘であると同時に、母性的な月でもあったのだと思います。

このように、すべての子どもたちは、まだ小さな自分しか持っていませんが、彼らが自由に繰り広げるファンタジーの世界の中では、あらゆる可能性を持ち、それをほとんど無意識的にそこら中にまき散らしています。子どもは両性具有的で、男性と女性の両方にかかわり、天と地を結ぶものであり、人間の究極的な理想を心の中に秘めているのです。そして天翔ける子どもたちのイメージは、その一面を見れば、未発達な幼稚性や、無意識の性的欲求を示すものかもしれませんが、より根元的には、人間の持つ無限の可能性と自由な魂をあらわすものと考えることができましょう。

ユングは上チューリヒ湖畔に自分で建てた家の庭に四角い石を据えて、その正面に童児神のテレスポロスの像を刻みこみました。テレスポロスは「完成をもたらすもの」あるいは変容を司どる神であると言われます。そしてそのまわりに「アイオーン（時間）は子どもであり、子どものようにたわむれる。盤戯を楽しむ子どもの王国である。これは宇宙の暗い諸国を遍歴しながら、闇の中に星のように光るテレスポロスの姿である。彼は太陽の門への、夢の国への道をさし示している」という言葉をつけ加えました。そして、裏面にはアーサー王の物語で活躍する魔法使いの老賢者、マーリンの言葉を刻み、さらにその側面には中世の錬金術師が賢者の石について述べたという格言から「私はみなし子でひとりぼっち。けれどもいたるところに私はいる。私は一人なのに、私は私と向い合っている。私は若ものであり、同時に老人でもある。私は父母を知らない。私はまるで魚のように深みから取りだされる。または白い石のように天から落ちてくる。私は森や山野をさまよい歩くが、人間の内部の深みにも隠れている。私は誰にとっても死すべき定めにあるが、時代の移り変りには左右されない」という言葉を印しました。

これは謎のような言葉です。しかし、子どもたちも同じような意味で謎のような存在です。そして、子どもの心の中の神秘のヴェールのかなたには、永遠の生命の炎がゆらめいているように思います。

忘れられた森の中の小道をたどり、子どもたちと心の奥で手を結ぶとき、やっと私たちはその生命の炎を見ることができるでしょう。そして私はいつまでも、子どもたちと遊び、彼らの心の奥底にある原初の炎のゆらめきを見つめていきたいと思っています。

あとがき

　今から十年以上も前のことですが、チューリヒのユング研究所で学んでいた頃に、アメリカの高名な心理学者であるハーバード大学の名誉教授、ヘンリー・マレー先生の特別講演を聞く機会に恵まれました。マレー先生のそのときのヨーロッパ訪問の主な目的は、ニューヨークで活躍していられた児童心理療法家のフランシス・ウィックス夫人が亡くなられ、遺産をユング心理学の発展のために使ってほしいとマレー先生に委託されたので、その使途の相談に来られたということでした。そのとき初めて私は、かつてニューヨーク市の聖アガサ学校の心理相談室で仕事をし、ユングに直接師事したことのあるフランシス・ウィックス夫人について知りました。その少し前から私は児童心理に関心を持つようになっていましたが、ユング自身の著作にも、また彼の後継者の人たちのものにも、子どもに関する研究はあまり多くありませんでした。そして私はウィックス夫人の主著である *The Inner World of Childhood*（1955）を読んで、大きな感銘を受け、この本は是非とも日本のお母さま方や、児童心理にたずさわる先生方に紹介しなければならないと心に誓いました。

その後一年半ほどしてから帰国すると同時に、さっそくこの本の翻訳にとりかかりましたが、いろいろ難しい問題があって、今日までウィックス夫人の著書について、皆さんにお知らせする機会がありませんでした。せめて彼女の考えの一端なりともお伝えしたいものと思っておりましたが、今回、ウィックス夫人の業績の一部の紹介を兼ねて、その後、日本で身近に体験した子どもたちとの交わりと、研究を共にする方々からの情報や助言も加え、ここに一冊の本にまとめることができたことを、なによりも嬉しく思います。

そのときのチューリヒでのマレー先生の講演は、終始、上昇のイメージをめぐるものでした。マレー先生は御存知の方も多いと思いますが、日本でもよく使われているＴＡＴ（絵画統覚検査）の創始者として世界的に知られています。そこで私たちもそのとき、ユングのタイプ論とＴＡＴとの関係とか、ＴＡＴと児童の問題などについていろいろ質問したのですが、マレー先生は
「ＴＡＴだって？　あれはね、アメリカ海軍省の連中がなんでもいいから急いでテストを一つ作ってくれと言うから、二週間ぐらいでその辺にあった材料をくるくるっとまるめて押しつけてやったのさ。あんなものはたいしたものじゃない」

と軽く質問をかわされて、また、空を飛ぶ話に戻られるのでした。そのときのマレー先生の空中に

視線を凝らしながら、なにかに憑かれたような話しぶりは今でも忘れることができません。しかし、そのときの私にはまだ、なぜマレー先生がそれほど上昇の主題に熱狂し、飛ぶことをめぐって、いつまでも尽きないような思いを凝らしていられたのか、もう一つよくわかりませんでした。

しかしその後、多くの子どもたちとつき合う機会を持ち、また若い人たちと親しく話し合っているうちに、上昇のイメージや空飛ぶ主題は、小さな子どもたちの心の大きな部分を占め、また童心を持つ多くのやさしいおとなたちが、依然として心に抱いているものであることを知りました。それはまた、老人、それも傑出した老賢人のような人たちが、再び戻ることが多い一つの元型的なファンタジーの主題であることもわかりました。子どもと遊ぶ良寛さんの話はよく知られていますが、そこには子どもと老人に共通の一つの悟りの世界があるようにも思えました。上昇にかかわる主題や宇宙的なイメージはまた、子どもからおとなになりかかるときや、更年期、あるいは人の心が危機的情況に陥ったときなどにも、よくあらわれるようです。それらの考えをまとめたものが第七章です。

今日の若ものたちの宇宙への関心は、ただ、月面着陸や原子力の開発などの科学的成果によるばかりではなく、現代人の持つ危機感とかかわるものかもしれません。しかし、危機感こそ成長の原動力であり、また、それを感じることによって、人は心のやさしさを育てるのです。天翔けるイメージ、それはこれまでの自分の枠を破って、新しい世界に向かう飛躍を示していると思います。

最近、子どもたちの自殺や親が子どもを道連れにした心中の多いことが、社会の話題になっています。これらの人たちもこのような精神的動乱の時代の犠牲者として考えることもできます。その背景には無意識的な親子のつながりや、飛ぶイメージなどもかかわりがあると思われますが、今回はまず第一に、一人一人の子どもたちがそれぞれ持っている個性や、ファンタジーの世界について、少しでも多くわかって頂きたいと思いましたので、社会的な問題にはあえてふれませんでした。いずれ機会があったら、そのことについても書かせて頂く所存です。

この本の中には、いろいろな問題を持って相談に来られたお子さんの例も幾つかあげました。本来、このような事例は公表すべき性質のものではありません。それは子どもの成長にとって重要な意味を持ち、また心理療法家にとっては涙と汗の結晶です。そして、二人の人の深い心のかかわりの中に育った一つの魂の遍歴の記録なのです。これらの事例は、その都度、本人と御家族の方の御好意によって、小さな研究グループの間で発表させて頂いたものですが、私たちが研究にとりかかったごく初期のものに限りましたので、その頃からすでに十年近くの歳月がたち、これらの子どもたちも今では元気で毎日の生活を送っています。一昔前のこととなりましたのでみなさんの御参考のために、ここで発表させて頂いても、まず間違いはないことと思いました。どうぞ、こういう事情を心におかれて読んで頂きたいものと思います。

この本を書くにあたって、すでに結婚されて姓は変わられたと思いますが、当時、都内のある幼稚園の先生をしていらした唐島綏子、久保島昭子、仲田光江の諸先生方、また現在、千葉大学で教えていられる近藤邦夫先生、その他の方々の御協力を得ました。また、第七章の箱庭療法の作品を見せて下さったのは、九州で心身症の療法家として活躍していられる白髭礼子夫人です。この事例は比較的最近のものですが、これを作られた方は、御自分のことはよくわかっていられることと思い、公表させて頂きました。

なお、この本にたくさんの情報を提供して下さったのは、私の研究会の主要メンバーである伊賀順子、板野昌義、弥永信美、梶浦伸子、角能清美、笹節子、定方昭夫、瀬川京子、八村晶子、矢部ひろみ、渡辺勉、その他の方々です。お茶の水女子大学家政学部児童科の私の講義《セミナー》に参加して下さった学生さんや研究生の方々からも、子どもたちについて、いろいろと教えて頂きました。この本は、これらの人たちとの長い討論や、研究の結果生れたものであって、私はその代弁者にすぎません。

この春、海鳴社の辻信行氏と話し合っていたとき、ふと、フランシス・ウィックス夫人のことが話題になり、そのことから辻氏に勧められてこの本を書くことになったものです。子どもたちとつき合いだしてから、まだやっと十年余で、私としては発表するには早すぎるようにも思ったのですが、子どもの成長にとって重要な側面の一つである子どもの深層の世界を早くみなさんにお伝えしたいと思って筆をとりました。書き終えてやはりよかったと思っています。終始、私を励まし、この本の刊行を進めて下さった辻氏に改めて感謝を捧げたいと思います。(なお、ウィックス夫人の主著『子ども時代の内的世界』は、一九八三年に海鳴社から刊行しました。)

最後に、この本の挿絵を描いたのは、サインのPの字からお気づきの方もあるかもしれませんが、私の心の友、ピーター・パンです。もっとも、こんなことを書くと、絵を描いたご当人は、

「そんなつもりで、Pなんじゃない」

と言って、きっとふくれることでしょう……。本文とあわせて楽しんで頂きたいと思っております。

秋山さと子

昭和五三年　晩夏

著者：秋山　さと子（あきやま　さとこ　1923-1992）

東京都に生れる．文化学院，駒澤大学仏教学部，同大学院を経て，1964 年から 4 年間ユング心理学研究所に在籍．東京ユング研究会を主宰しつつお茶の水女子大学，駒沢大学，東洋大学で教鞭をとる．

著書に，本書の他『聖なる次元』（思索社），『夢診断』（講談社）など，また訳書に『子ども時代の内的世界』(F. G. ウィックス著，共訳，海鳴社)，『あずさ弓』（カルメン・ブラッカー著，岩波書店）など多数．

＊＊＊＊＊バウンダリー叢書＊＊＊＊＊

ユング心理学からみた　子どもの深層

1978 年 10 月 20 日　第 1 刷発行
2012 年 11 月 30 日　第 1 刷発行（バウンダリー版）

発行所：㈱海　鳴　社　　http://www.kaimeisha.com/

〒 101-0065　東京都千代田区西神田 2-4-6
E メール：kaimei@d8.dion.ne.jp
TEL: 03-3262-1967　FAX: 03-3234-3643

発 行 人：辻　　信 行
組　　版：海　鳴　社
印刷・製本：シ　ナ　ノ

出版社コード：1097

ISBN 978-4-87525-294-8